中国种植业发展方式转变探索

王秀东　宋莉莉　张　丽　著

中国农业科学技术出版社

图书在版编目（CIP）数据

中国种植业发展方式转变探索 / 王秀东，宋莉莉，张丽著. —北京：中国农业科学技术出版社，2014. 12

ISBN 978 - 7 - 5116 - 1912 - 9

Ⅰ. ①中… Ⅱ. ①王…②宋…③张… Ⅲ. ①种植业 - 发展方式 - 研究 - 中国 Ⅳ. ①F326. 1

中国版本图书馆 CIP 数据核字（2014）第 275158 号

责任编辑 穆玉红
责任校对 贾海霞

出 版 者 中国农业科学技术出版社
北京市中关村南大街 12 号 邮编：100081
电 话 (010)82106626(编辑室) (010)82109702(发行部)
(010)82109709(读者服务部)
传 真 (010)82106650
网 址 http://www.castp.cn
经 销 者 全国各地新华书店
印 刷 者 北京富泰印刷有限责任公司
开 本 710mm ×1 000mm 1/16
印 张 7.75
字 数 110 千字
版 次 2014 年 12 月第 1 版 2015 年 10 月第 2 次印刷
定 价 26.00 元

前　言

转变农业发展方式是巩固农业基础地位、推进农业现代化的迫切要求，已贯穿于我国经济社会发展的全过程和各个领域。2005 年 10 月，十六届五中全会审议通过的《中共中央关于制定国民经济和社会发展第十一个五年规划的建议》，明确要求“十一五”期间要必须坚持转变经济增长方式。党的十七大报告中第一次提出：“加快转变经济发展方式，推动产业结构升级，这是关系国民经济全局的紧迫而重大的战略任务。”十七届三中全会提出：“提高土地产出率、资源利用率、劳动生产率，增强农业的可持续发展能力。”十八届三中全会指出：“紧紧围绕使市场在资源配置中起决定性作用深化经济体制改革，加快转变经济发展方式，加快建设创新型国家，推动经济更有效率、更加公平、更可持续发展。”加快转变农业发展方式是未来实现农业可持续发展的必然选择。

种植业作为我国农业的基础和核心，推进种植业结构调整，提高种植业整体素质和效益，对于提高农业综合生产能力，促进农民持续增收和农村经济平稳较快发展具有十分重要的意义。在现有的基础、政策和市场环境下，如何加快种植业发展方式转变是各级政府需要分析和研究的重要课题。因此，本着提高资源利用率、土地产出率和劳动生产率，充分发挥区域优势的原则，本书通过对我国种植业发展的现状及面临的瓶颈进行深入分析，针对对我国不同区域间种植业发展方式转变的路径选择进行梳理，在此基础上分析了我国种植业发展方式转变过程中新型经营主体发展的现状，并对近年来种植业发展方式转变对农民收入影响效率进行了总体评价，深入分析我国种植业发展效率的影响因素，提出进一步促进种植业发展方式转变、优化种植业发展的思路，将有助于我国种植业乃至整个农业健康、稳定、可持续发展建议。

本书在研究和撰写过程中，得到了农业部种植业司何才文副司长、许发辉处长、宁名辉处长、冯岩调研员、李增裕副处长、中国农业科学院蜜蜂所李锁平研究员等人的帮助和支持；在资料收集过程中得到闫琰博士、卫荣博士、费文俊硕士、高忠敏硕士、王丽丽硕士等人的大力协助，在此一并致以诚挚的谢意。

本书力图立足于种植业发展实践，力争做到理论与实践相结合，使研究成果具有理论与实践双重价值。但是由于作者阅历和学功有限，对实践中的问题还缺乏进一步的深入了解和理性思考。同时，由于种植业产业经济和管理研究涉及较多的交叉学科，相对来说，国内种植业方面的经济和管理方面著作较少，可供参考的同类文献相对缺乏。希望本书能够起到抛砖引玉的作用，引起更多人的研究兴趣，发展壮大种植业经济研究队伍。

作　者

2014 年 10 月 25 日于北京

目　　录

第一章 导 论

第一节 研究背景

农业是国民经济的基础，是安天下、稳民心的战略性产业。1978年，安徽小岗村开创“包产到户”，实行家庭联产承包责任制。作为新的农业发展方式，它极大地调动了农民生产积极性，农民生活显著改善，农村面貌发生了翻天覆地的变化，农业成就举世瞩目。特别是2004年以来，在一系列强农惠农富农政策的作用下，农业生产全面发展，粮食生产实现了10连增且有望实现“十一连增”；农民收入水平总体上有了大幅度提高，人均纯收入从2004年的2 936元提高至2013年的8 896元。但是，我们也清醒地看到，中国农业辉煌成就背后存在着高昂的资源、环境及生态代价。中国耕地面积只占世界耕地总量的7%，但化肥消耗的数量却占到了世界化肥总量的40%。化肥、农药、农膜的大量使用，使得环境污染严重，耕地质量持续下降，水体富营养化也在不断加剧（邵腾伟，2011）。这种单纯依靠要素投入总量的增加来促进农业发展与农民收入的提高，不仅难以达到预期效果，而且会造成资源的浪费。中国是一个耕地资源和淡水资源非产短缺的国家。人均耕地面积1.38亩*，为世界人均水平的40%，人均水资源为2 000立方米，仅为

* 1公顷=15亩，1亩≈666.7平方米，全书同

世界平均水平的26%～27%（陈锡文，2009）。随着我国人口的不断增加和工业化、城镇化加速推进，农业发展面临的资源、环境以及生态的约束日益增强。对于我国现有的资源承载力和环境承受力来讲，传统的农业发展方式已经不可持续。

第二节 研究目标

本书通过对中国种植业发展的现状及面临的瓶颈进行深入分析，针对中国不同区域间种植业发展方式转变的路径选择进行梳理，在此基础上分析了中国种植业发展方式转变过程中新型经营主体发展的现状，并对近年来种植业发展方式转变对农民收入影响效率进行了总体评价，深入分析中国种植业发展效率的影响因素，为促进中国种植业发展和农民增收提供政策参考。同时，通过对发达国家促进农业发展和农民增收的经验和启示进行分析与研究，提出促进中国农业发展和农民增收的实施建议，增加本书在实践工作中的实用性，力争做到理论与实践相结合，使研究成果具有理论与实践双重价值。

第三节 研究内容与方法

一、研究内容

研究中，首先，通过对种植业发展方式转变的内涵与理论基础进行系统梳理，分析种植业发展现状，剖析不同区域间种植业发展方式转变路径选择，掌握这一时期中国种植业发展与农民收入增长的相关关系及制约因素；其次，利用DEA模型对我国农业发展方式转变对农民收入影响的效率进行总体分析与评价，在此基础上对农业发展效率的可能影响因素进行理论假设，并利用二阶段Tobit回归模型对理论假设进行检验，找出影响中国农业发展效率的显著因素。再次，分析和总结了发达国家促进农业发展和农民增收的政策启示。最后，在前述分析的基础上归纳出研究结论，并提出相应政策建议。

根据拟定的研究目标，本书的具体内容如下。

第一章，导论。主要介绍了本书的选题背景、研究意义和目标，研究的主要内容和方法，以及技术路线图和研究的创新点与不足等。

第二章，种植业发展方式转变的内涵及理论基础。首先，对种植业发展方式进行了概述，并对中国种植业发展方式转变对农民收入影响的相关理论进行了概述，接着系统归纳了目前对种植业发展和农民收入问题研究的理论成果，并对之进行了简要的述评。

第三章，种植业发展现状分析。本章对中国种植业发展的现状及面临的瓶颈进行分析。

第四章，区域间种植业发展方式转变路径选择。本章主要对东、中、西三个区域的辽宁、河南、湖北 3 省区的种植业发展方式转变的路径选择进行研究，主要分析了 3 省区种植业发展转变的现状、困境、主要做法以及主要经验。

第五章，种植业发展方式转变中新型主体发展演变。本章主要分析了农业企业、农民专业合作组织、专业大户以及家庭农场 4 个农业经营主体的现状、特征以及差异。

第六章，种植业发展方式转变对农民收入影响的实证测度。本章首先利用 DEA 模型对我国种植业发展方式转变对农民收入影响效率进行总体分析与评价，在此基础上对种植业发展效率的可能影响因素进行理论假设，并利用二阶段 Tobit 回归模型对理论假设进行检验，找出影响我国种植业发展效率的显著因素。

第七章，发达国家促进农业发展和农民增收的经验及启示。本章通过对美国、欧盟和日本促进农业发展和农民增收的政策进行分析，在此基础上总结出美国、欧洲、日本促进农业发展和农民增收政策对我国的启示，为我国制定促进农业发展和农民收入增长的政策提供借鉴。

第八章，促进中国种植业发展方式转变及增加农民收入政策建议。本章在前述各章分析的基础之上得出本论文的主要研究结论，并提出促进中国种植业发展和农民收入增长的相关政策建议。

二、研究方法

1. 系统分析和比较分析相结合

本书采用系统分析方法，将我国种植业发展状况作为一个整体，利用文献查阅和典型调查法相结合，从理论研究和实际分析两方面对中国种植业发展方式转变的内涵、现状以及面临的瓶颈等内容进行研究；而对我国区域间种植业发展方式转变的路径选择，以及种植业发展方式转变过程中不同新型经营主体的发展现状和特点采用比较分析的方法。

2. 动态分析和静态分析相结合

改革开放至今三十多年的时间中，中国种植业发展和农民收入增长经历了一个动态的变化过程。采取动态分析的方法来研究这一时期中的种植业发展和农民收入问题符合客观要求。而任何一个动态发展的过程都是由若干个“静态”的时点截面所构成。因此，本书为了研究的全面性，在具体的研究过程中对这若干个“静态”时点截面也进行深入剖析，更好地解释种植业发展和农民收入所存在的关系。

3. 数据包络分析法（DEA）

本书在规模报酬可变的条件下，以全社会固定资产投资（农村）、农作物播种面积、农业机械总动力和化肥施用量（折纯量）作为农业发展的投入要素，以农民人均纯收入作为农业发展产出要素，基于投入导向的DEA模型测算了1991—2011年中国农业发展方式转变对农民收入影响的效率。

4. 二阶段Tobit回归模型

Tobit模型能够解决受限或截断因变量的模型构建问题，该模型属于一种因变量受限的回归模型。由于前面由DEA模型测算出来的农业发展效率值均处于0与1之间，最大值为1，具有被切割或截断的特点，故此，本书通过选择Tobit模型，对对中国农业发展效率的可能影响因素进一步定量分析，以期找出影响中国农业发展效率的显著因素。

第四节 文献综述

无论是发达国家还是发展中国家，农业发展和农民收入问题都非常重要。随着经济发展水平的不断提高，农业发展和农民增收出现了许多新的矛盾和问题，并引起了专家和学者们的广泛关注。如何从根本上破解农业发展和农民增收的难题，成为国内外专家和学者们关注的焦点。目前，国内外对农业发展和农民收入增长的研究主要有以下几个方面。

一、农业发展及其转变影响因素

（一）农业发展理论

1. 梅勒农业发展阶段理论

20世纪60年代，美国农业经济学家约翰·梅勒针对发展中国家农业发展的现实情况和具体特点提出了“资源互补论”的农业发展理论，他把传统农业向现代农业转变的过程，分为3个阶段。

第一个阶段，传统农业阶段。该阶段以技术停滞、生产的增长主要依靠传统投入为特征，农业生产增长取决于传统要素投入的增加。

第二个阶段，资本技术农业阶段。该阶段农业技术稳定发展，资本使用量较少。其特征是：农业仍然是整个国民经济中最大的部门，随着人口数量和居民收入的增加，农产品的需求也迅速上升，工业发展的资本特别稀缺，资本报酬不断上升，农场规模的扩大受到了经济转变速度的限制和人口再增长的压力。在这一阶段，由于资本比劳动稀缺，农业机械使用受到限制，农业的发展主要依赖于资本节约型技术。

第三个阶段，高技术农业阶段。该阶段以技术的高度发展和运用、资本集约使用为特征。在这一阶段里，农业部门的相对重要性大大降低，在整个国民经济中所占的比重越来越小，资本变得越来越充裕，农业部门可以大量使用资本以取代日益短缺的劳动。同时，生物技术得到迅速发展，农业生产能力不断提高。

2. 韦茨农业发展阶段理论

1971 年，美国经济学家韦茨根据美国农业发展的经历提出了“韦茨农业发展阶段理论”。该理论也把农业发展分为 3 个阶段：第一阶段，以自给自足为特征的维持生存农业阶段；第二阶段，以多种经营和增加收入为特征的混合农业阶段；第三阶段，以专业化生产为特征的现代商品农业阶段。

3. 速水农业发展阶段论

“速水农业发展阶段论”是 1988 年日本经济学家速水佑次郎根据日本经济发展的实践提出的。该理论同样把农业发展分为 3 个阶段：第一阶段，以增加生产和市场粮食供给为特征的发展阶段。该阶段提高农产品产量的政策居于主要地位；第二阶段，以着重解决农村贫困为特征的发展阶段。该阶段的主要政策是通过农产品价格支持政策提高农民的收入水平；第三阶段，以调整和优化农业结构为特征的发展阶段，农业结构调整是这一阶段农业政策的主要目标。

（二）农业发展方式转变影响因素

1. 资源配置论

蒋伏心（1996）认为发展现代农业及农业发展方式转型实际上是通过农业资源配置的优化来提高劳动生产率、土地产出率和资源利用率。现代农业是体制系统、生产力系统和作为保障的农用生产资料工业及流通体系三大系统的有机统一体。

2. 知识与技术优先论

白雪瑞（2007）认为知识与技术是经济增长的持续动力，农业增长方式的转变终归要取决于农业技术的进步。因为通过农业科技进步，生产效率低下的落后技术不断地被生产效率更高的先进科学技术所替代，大大改善了农业生产要素的形态和组合状况，而且还改变了农业生产各个环节间的联系方式。同时，他还指出，有效率的经济组织是经济增长的关键，必须不断寻找能够推动农业发展和增长方式转变的产权制度和经济组织。

蒋和平、黄德林（2006）认为农业技术现代化是实现农业现代化的基本动力和重要标志。农业现代化具有动态性、阶段性和渐进性的发展特征，在社会条件不断变化的情况下，随着人类实践的不断深化、认识程度的不断加深，从而不断被赋予着新的内容。农业现代化就是用现代科学技术和生产手段装备农业，并使农业由传统农业向现代农业转变的过程。

郭剑雄（2006）提出，实现农业劳动者的教育深化是劳动力择优迁移过程中农业发展政策具有决定性意义的目标选择。

3. 制度创新论

吴向伟（2008）针对农业经济发展的问题指出，现阶段制约农业发展方式转变的主要因素有科技因素、资本因素、管理因素和体制因素等。他认为，转变农业发展方式关键是要构筑完善、高效的机制。

郭剑雄（2006）提出，试图阻止农业人力资本流动的政策努力，可能在极大程度上导致农民家庭人力资本投资动机的泯灭，从而出现事与愿违的结果。因此，政府提高农业劳动力平均受教育水平目标的工作重心是进一步开放面向农村劳动力的就业市场，消除阻碍农村劳动力流动的各种制度性障碍。

4. 产业化论

王洪英等（1999）认为，农业产业化是中国实现农业现代化的最佳途径。因为中国农业存在着小型的、分散的生产经营不能适应市场化的、规模化的生产经营要求，缺乏现代农业意识等情况。实行农业产业化经营，可以促进农业生产的专业化和农业结构的区域布局，还可以通过优化农业资源配置，提高农业规模效益。

5. 可持续发展论

黄国桢（2001）认为，农业现代化就是通过先进的技术和生产手段来促进农业的发展，用先进的方法组织和管理农业，提高生产者的文化水平和技术素质，即用具有高度生产力水平又能保持和提高环境质量以及可持续发展的现代农业，替代落后的传统农业的过程。

6. 工业反哺论

卢伟等（2007）认为，要全面推进农业现代化进程，必须对制度进行创新，清除农业发展过程中的体制性障碍，为农业发展创造良好环境和提供优质的服务，并对农业进行要素以及政策上的扶持，增强对农业的财政支持力度。同时，也要加快城市化进程和农村富裕劳动力的转移。

从国内外不同角度的农业现代化研究观点来看，农业现代化的实现是一个漫长的过程，各国或各地区在农业现代化发展进程中选择哪一种路径，主要由其历史条件、地区情况和发展背景来决定。因此，实现农业现代化发展必须走实事求是的道路，只有对本国或本地区生产力和生产关系相适应的现代农业发展方式进行不断探索和改进，才能加快农业现代化步伐。

二、农民收入增长影响因素

1. 资源禀赋因素

韦鸿等（2003）认为，土地、生产性固定资产、人力资本以及资金4类资源是我国农户获得收入的主要渠道，且资源的多寡决定着农户收入的高低。在众多影响农民收入增长的因素中，我国当前农村人力资源的质量是农民收入增加的“瓶颈”（李朝林，2000）。

中央政研室农业部农村固定观察点办公室（2001）以劳动力受教育

程度作为人口素质参数，分析了人口素质与农户收入关系时发现，劳动力受教育程度高的群体比劳动力受教育程度低的群体收入高。劳动力受教育程度的差异将直接导致劳动力生产效率的差异，进而导致收入的差异。同时，文章还指出农民增收不仅依赖于人力资本的提高，同时也强烈地依赖于家庭资产。

张秋锦等（2008）指出，截至到2004年年底，全国的耕地面积为1.3亿公顷，人均耕地面积为1.5亩，仅为世界平均水平的40%。同时，我国的人均淡水资源也仅为世界平均水平的25%。耕地资源及水资源的不足，严重制约了我国农业的发展和农民收入的增长。

2. 农村剩余劳动力因素

赵金光（2002）认为，中国大量的劳动力仍集中在传统农业生产上，农村第二、第三产业吸纳劳动力就业的能力较低，致使农村劳动力就业结构不合理，农业生产效率低，进而制约了中国农民收入的增长。此外，他还认为发达国家的历史表明，一个国家（民族）的发展史都是传统意义上的农民不断减少的历史。至今还未有一个农民占大多数的国家能够实现现代化。发达国家从事农业生产的劳动力占总劳动力的比重一般在10%以下。英、美、法、日等发达国家在20世纪90年代初期农业劳动力占总劳动力的比重已经在6%以下，而我国在2001年农业劳动力占总劳动力的比重为46.6%，远高于发达国家同期水平。

张红宇（2002）认为，2000年中国农业总产值占国内生产总值的比重已经下降到15.9%，而农业劳动力占总劳动力的比重高达50%。农业劳动生产率与非农产业劳动生产率的差距逐年扩大，已经从1990年的3.93倍扩大至2000年的5.29倍。农业劳动生产率较低已经成为中国农民收入增长滞缓的根本原因。

吴敬琏（2002）认为，中国农村剩余劳动力过多，而人均占有资源尤其是耕地资源的数量较少，造成农业的劳动生产率提高缓慢。加之农业生产成本的迅速上涨，致使农民增收效果不显著。如果这种态势得不到根本改变，则其他措施很难在提高农业劳动生产效率以及增加农民收入上显示出明显的成效。

3. 制度性因素

李成贵（2001）指出，城市经济受国民经济宏观形式的影响发展缓慢，为农村剩余劳动力提供的非农就业机会减少。而且，一些地方还出台了限制农民进城务工的政策，致使农民非农收入减少，增收受阻。也就是说，城乡分割的二元体制在一定程度上堵塞了农民进城务工的渠道，影响了农民收入的增长。

陈锡文（2004）认为，农民增收受到城乡二元结构、财税制度、金融制度、农产品流通制度以及农村土地制度等制度性因素的制约。其中，城乡分割的户籍制度、就业制度以及社会保障制度，是影响农民收入增长的重要原因。

高倚云（2005）认为，农民收入增加存在着土地制度的缺陷，主要体现在土地所有权的缺陷、使用权的缺损、家庭承包责任制的缺陷以及农村土地征用制度的缺陷。

4. 农业产业结构因素

张晓山（2000）指出，目前，我国农业结构的调整主要体现在各种农作物品种及产量的调整，而没有关注农产品质量的提高。而城市的消费者随着收入的提高，在选择农产品时更加注重其品质，因此，在这样的农业结构调整后上市的农产品增加势必影响其价格，进而影响农民收入的增长。

朱明侠等（2003）认为，农业结构不合理是影响农民增收的首要因素。突出表现在农产品的质量不高，初级产品较多，加工品少，深加工品更少。而且农产品的区域性结构不同程度地存在趋同问题，区域优势未能得到充分的发挥。

5. 农民组织化程度因素

张晓山（2003）认为，目前，我国正处于经济转型期，地区间以及不同群体之间的收入差距不断加大，农民作为弱势群体，需要合作社这样的组织来保障他们的利益。农民由于其组织化程度较低，致使他们在农业生产资料的购买、农产品的销售以及市场信息的获取等诸方面都处于弱势地位，缺乏话语权。因此，农民作为弱势群体，要想提高自身在市场上的谈判地位，提高农民的组织化程度是必然的措施。

罗建军（2005）认为，现阶段我国农民的组织化程度低，主要体现在三个方面：一是分散的农户土地经营规模较小，且地块零散，限制了生产要素的合理配置。二是分散的农户无力改善农业基础设施和进行农业技术改造，集体组织的弱化难以将分散的资金和劳动力集中起来；三是分散农户经营意味着农村市场上农户个体的农产品供给量较小，农民在不对称的价格关系中利益遭受损失。

吴启伦等（2008）也认为，在家庭联产承包责任制下分散的农户市场竞争力不强，抗风险的能力也较差，农民的组织化程度低已经成为影响农民增收的主要障碍。

三、促进农业发展和农民收入增长研究

1. *统筹发展和深化改革论*

陈锡文（2003）提出，农业、农村和农民问题不可能在封闭的农村内部得到解决，而要把这些问题同城市的发展结合起来，用城乡统筹的眼光来考虑如何解决我国的三农问题。韩俊（2003）认为统筹城乡发展是一项巨大的系统工程，涉及社会、经济和生活的各个方面。统筹城乡发展有利于实现城乡经济良性循环，有利于解决“三农”问题，有利于全面建设小康社会目标的实现。

尹成杰（2006）提出，农村改革是社会主义新农村建设的强大动力。因此，要进一步深化农村改革，创新农村体制和农业经营体制，放活农业，放活农村，为促进农民收入增长增添新的动力。

张红宇（2002）认为，促进农民收入增长就应积极、稳妥地推进农

村改革，尤其是农村税费改革。因为农村税费改革是关系农民收入的重大问题，其中的关键是认真做好计税面积、计税常产、摸底测算等基础性的工作。同时，对农村改革后可能出现的各种问题要提早做研究，并加以妥善解决。

2. 农业和农村经济结构调整论

韩俊（2001）认为，对农业和农村经济结构进行战略性调整是促进农民增收的根本途径。具体做法为：第一，跳出长期以来片面重视提高农产品产量的圈子，把提高农产品的品质放到第一位；第二，跳出小农业的圈子，做好发展大农业这篇文章；第三，打破农产品自求平衡的圈子，发挥农业的区域比较优势；第四，改变长期以来农业生产、加工和销售各环节相互脱节的状态，大力推进农业产业化经营。

汪金敖（2002）也认为，加大农业经济结构调整力度蕴藏着促进农民增收的巨大潜力。因此，需继续加大农业经济结构调整力度，真正使农业增长方式由过去单纯追求数量增加，向寻求品种改良和质量提高的方向转变，从而有效地增加农民收入。

3. 就业结构调整论

范小建等（1999）认为，我国改革开放 20 年的发展历程，充分说明了农村剩余劳动力转移的过程也就是农民收入增加的过程。改革开放初期，农村劳动力搞家庭多种经营或外出打工，使得农业劳动生产率得到提高，农民收入水平也逐步上升。但是目前来看还有 1 亿多的剩余劳动力滞留在农业，而且每年以 1600 万的速度增加。农业剩余劳动力得不到有效转移，农民增收的目标就难以实现。因此，进一步加大农村剩余劳动力转移的力度是促进农民增收一个重要途径。

张晓山（2003）认为，相对于数量庞大的农村剩余劳动力来说，大中城市为其提供的非农就业机会是极其有限的。而且大多数农村劳动力进入城市后主要从事的是简单劳动，劳动报酬较低，而生活成本较高。农村劳动力只能成为大中城市的流动就业人口，这不利于农民收入的稳定增长。相对而言，小城镇虽然为农村剩余劳动力提供的就业机会少，但其生活成本相对也较低，易于形成稳定的就业环境。因此，今后国家应加快发展小城镇建设，促进农村剩余劳动力的有效转移。

吴敬琏（2002）也认为，实现大量农村剩余劳动力向非农产业的转移，是解决我国“三农”问题的关键。

4. 工业化和城镇化带动论

李炳坤（2001）认为，在促进农民收入增长的各项政策措施中，加速城镇化进程特别是加快小城镇建设，具有其他政策措施所不能比拟的效果。它不仅可以带动农村经济的发展，还可以促进农民收入的快速增长。

四、评述

综合上述有关农业发展和农民收入的研究文献发现：国内的专家和学者对有关农业发展和农民收入问题的研究较多，且广度和深度都在不断地拓展。但是，这些研究主要集中于对农业发展或农民收入一个方面的研究，将两者结合起来研究的文献较少，而且大多数研究都是进行定性的分析，定量测算的较少。本书以此为契机，对中国农业发展方式转变对农民收入的影响进行定性与定量分析相结合，深入剖析了中国农业发展方式转变对农民收入影响的效率及影响因素，希望对进一步解决中国农业发展和农民收入增长问题提出有一定价值的政策建议。

第五节 数据来源

本书的数据主要来源于历年发布的官方统计资料，主要包括《中国统计年鉴》《中国农村统计年鉴》《中国农村住户统计年鉴》《中国农业统计年鉴》《中国统计摘要》《中国科技统计年鉴》《全国农产品成本收益资料汇编》《中国乡镇企业及农产品加工业年鉴》以及国家统计局统计数据库等的相关统计资料。

第六节 技术路线

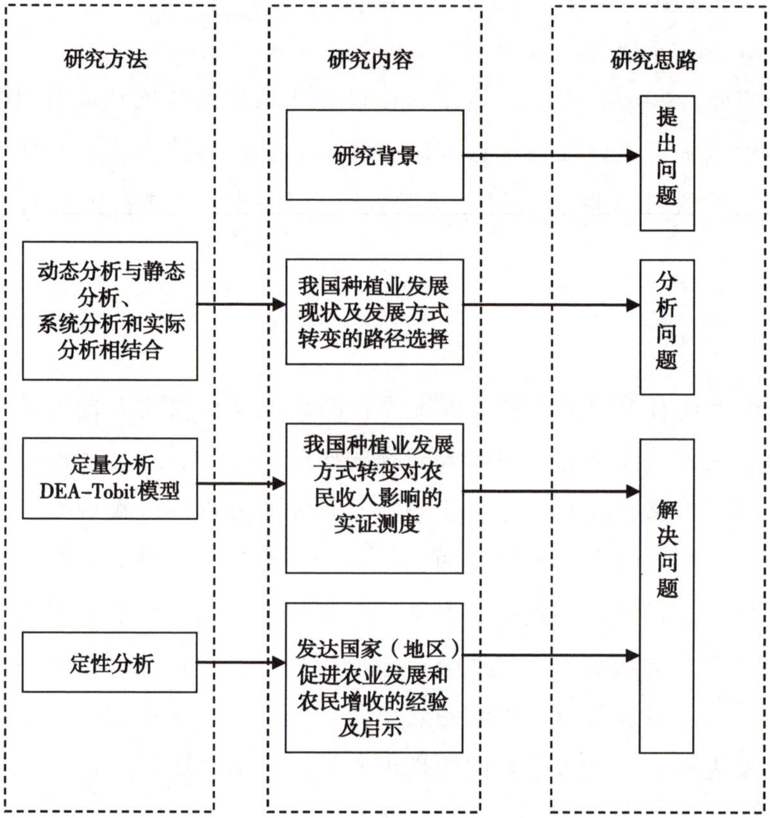

技术路线图

第二章　种植业发展方式转变的内涵及理论基础

第一节　种植业发展方式转变的内涵

“增长方式”与“发展方式”是两个既相互联系又有明显区别的概念。增长方式是对经济总量增长机制的理论概括。而发展方式，实际上是推动生产方式转变的方式，是对生产方式转变机制的理论概括。作为发展方式的拉动机制，是拉动生产方式转变的动力机制，拉动的是人们分工角色和社会身份的转变，使之进入新的生产方式①。

“经济增长方式”主要是对经济增长过程中资源、劳动、资本等要素投入的效率而言的，只反映了经济活动的数量关系的变化。而“经济发展方式”包含经济增长方式，不仅反映了经济活动的数量关系的变化，更加注重经济质量的提升、结构的优化和社会的和谐。相应地，与转变农业增长方式相比，转变农业发展方式不仅仅指由粗放型增长向集约型增长转变，或是从外延型增长向内涵型增长转变，同时，它还注重向农业产业结构优化转变、向可持续发展的绿色产业转变②。因此，转变种植业发展方式就是要坚持以科学发展为主题，以转变发展方式为主线，从原有资源投入的粗放式发展，转而依靠增加

---

① 刘福垣. 完整准确把握发展方式科学内涵［N］. 中国证券报，2008-08-13.

② 吴向伟. 转变农业发展方式的内涵与途径［J］. 经济纵横，2008（2）.

投入、科技进步、培养新型农民来提高资源利用率、土地产出率、劳动生产率；不断优化种植结构，以更好地适应农业经济的发展。只有这样，才能实现农业经济、社会和生态效益的统一，才能促进种植业持续稳定发展。

第二节　种植业发展方式转变的理论基础

一、工业化带动理论

美国经济学家、诺贝尔经济学奖获得者 W. 刘易斯，集中地研究了二元经济结构问题，提出了工业化带动理论①。刘易斯认为发展中国家存在现代部门和传统部门两大经济部门。现代部门以工业生产为特征，而传统部门以农业生产为特征。现代部门使用的是再生产性资本，采用的是规模化的机器生产，所以，现代部门的生产率较高。而传统部门使用的不是再生产性资本，采用的是手工劳动，从业人员较多又没有形成规模生产，所以，传统部门的生产率较低。两部门之间生产效率的差异导致了两部门间收入水平的差异。现代部门的生产率较高，因此收入水平也较高，除了维持自身生存外还可以积累用于扩大再生产的资本。而传统部门由于生产率较低，从业人员多，因而相应的收入水平也较低，仅仅能够维持自身生存。刘易斯还认为，二元经济发展的关键问题就是剩余劳动力由传统农业部门向现代工业部门和其他部门转移的问题。现代工业部门通过扩大再生产，提供就业机会，不仅可以为传统农业部门转移出剩余的劳动力，还可以带动传统农业部门生产率和收入水平逐渐提高。同时也可以促进本部门资本进一步积累，从而促进生产规模进一步扩大，生产率和收入水平进一步提高。现代工业部门的扩张，不仅推

① 陶济. 二元结构理论的由来和发展 [J]. 资料通讯，2001（12）.

动和促进了经济结构从二元向一元转化，而且还推动和促进了传统农业部门从不发达部门转变为发达部门。

二、人力资本理论

20 世纪 60 年代，美国经济学家舒尔茨创立了人力资本理论。该理论认为，人力资本表现为蕴含在人身上的各种生产知识以及劳动与管理的技能。人力资本是经济增长和社会进步的决定性原因。一国（或一地区）人力资本的存储量越大，质量越高，那该国（或地区）的经济增长就越快。同时，该理论还认为，人力资本的积累并不是免费的，它是投资的结果。教育投资是人力资本投资的主要部分，这种投资的经济收益要远远高于物质资本投资的经济收益。

三、科技创新理论

科技创新是原创性科学研究和技术创新的总称，是指创造和应用新知识和新技术、新工艺，采用新的生产方式和经营管理模式，开发新产品，提高产品质量，提供新服务的过程。科技创新可以被分成 3 种类型：知识创新、技术创新和现代科技引领的管理创新。

农业科技创新是指以满足现代农业产业发展需求和促进产业发展为目标，将农林牧渔业和食品行业（包括农副食品加工业、食品制造业和饮料制造业）的科技资金、人员等投入转化为有效的新知识、新技术的过程，该过程包括农业科学研究、发明、创造和农业科技成果转化、推广、应用在内的整个链条。农业科技创新不仅包括农业研究与实验发展，而且包括所有与农业科技知识的产生、发展、传播和应用密切相关的所有环节①。

① 鲁华宇. 河北省农业发展方式转变问题研究［D］. 河北农业大学，2011.

四、土地适度规模经营理论

规模经济（Economies of scale）即产量增加的倍数大于成本增加的倍数，是指在一定的产量范围内，平均成本随着产量的增加而不断降低。与之相对的规模不经济是指当生产扩大到一定规模后，继续扩大生产时，产量增加的倍数就会小于成本增加的倍数。即随着产量的增加平均成本不断上升。土地适度规模经营理论是以规模经济理论为基础的，它指随着土地经营规模的扩大，农产品的产量也随之增加，从而使得单位农产品平均成本不断降低。根据规模报酬规律的变化可知，土地的经营规模不是越大越好。规模过小或是过大都会造成规模的不经济。如图2-1所示：长期平均成本曲线LAC随着产量变化的规律表现为先下降后上升的U形特征。在AM阶段LAC曲线向右下方倾斜，说明在该阶段内产品的平均成本随着产量的增加而下降，属于规模经济；在MB阶段LAC曲线向右上方倾斜，说明在该阶段内产品的平均成本随着产量的进一步增加而上升，属于规模不经济。在产量为Q_2时，长期平均成本LAC_2达到最小，这时的经营规模为最佳经营规模。因此，土地的生产者应根据自身的情况进行适度规模经营。

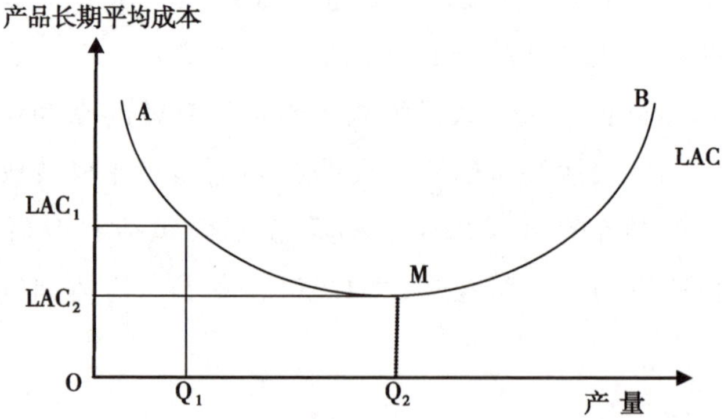

图2-1　规模经济与规模不经济

五、资源配置理论

资源配置是指资源的稀缺性决定了任何一个社会都必须通过一定的方式把有限的资源合理分配到社会的各个领域中去，以实现资源的最佳利用，即用最少的资源耗费，生产出最适用的商品和劳务，获取最佳的效益。资源配置即在一定的范围内，社会对其所拥有的各种资源在其不同用途之间分配。资源配置的实质就是社会总劳动时间在各个部门之间的分配。资源配置合理与否，对一个国家经济发展的成败有着极其重要的影响。一般来说，相对有限的资源如果能够得到最优化的配置，经济发展速度就会加快，经济效益就明显提高；否则，经济发展就会受到限制，经济效益就不会得到提升。

六、生产可能性曲线外移

生产可能性曲线的位置高低取决于投入要素的数量和技术状况。该曲线上的任意一点均表示在既定的要素数量和技术条件下所能生产的最大产出组合。如果要素数量或者技术条件发生了变化，则生产的最大产出组合就可能随之发生变化，从而生产可能性曲线的位置就会发生变化。假定，在初始的要素数量和技术条件下的生产线可能曲线为 PP。PP 上的任意一点表示在既定的条件下所可能产生的最大产出组合。如生产可能性曲线上的点 C，与 C 点对应的产出组合（X_1，Y_1）就是在既定条件下可能生产的最大产出组合中的一种。现在，假定技术进步，于是 X 和 Y 的最大产量增加。假定增加的资源数量按某种比例分配到 X 和 Y 上，使得 X 和 Y 的最大产出组合增加到（X_2，Y_2）。于是原来条件下得到的生产可能性曲线 PP 上的点 C（X_1，Y_1）在新的技术条件下移到了 C′（X_2，Y_2）点。实际上，技术的进步不仅使 C 点向右上方移动，而且也使得原来的生产可能性曲线上的其他点也向右上方移动。这就意味着由于技术的进步，生产可能性曲线开始向右上方移动，移到了 PP′

（图2－2）。

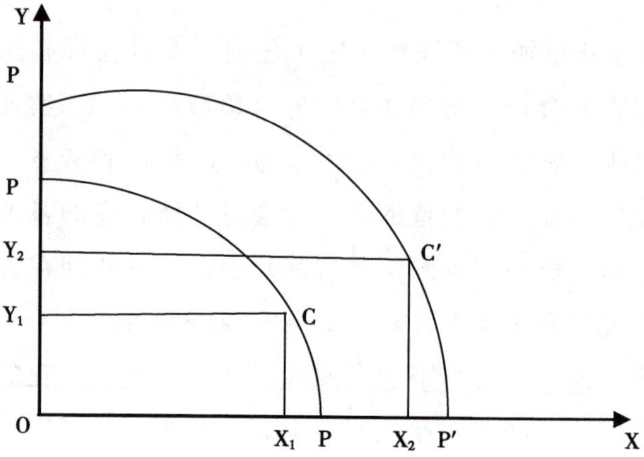

图2－2　生产可能性曲线的变动

第三节　种植业发展方式转变的重大意义

转变农业发展方式是贯彻落实科学发展观的根本要求，是实现农业现代化的必然选择。只有加快推进农业发展方式转变，才能不断破解农业发展面临的矛盾和难题，提升农业产业的质量、效益和竞争力，为国民经济平稳较快发展提供强力支撑①。中国种植业最根本的特点就是人多地少、各种资源相对紧缺，生产条件和技术水平总体上不够高。种植业发展方式粗放，资源消耗过大等问题日益突出，严重制约了种植业乃至整个农业的可持续发展。因此，只有加快转变种植业发展方式才能保障国家的粮食安全、促进农民收入增长，提高农产品的市场竞争力，实现农业的可持续发展。

① 韩长赋. 毫不动摇地加快农业发展方式转变［J］. 农村工作通讯，2010（11）.

一、加快转变种植业发展方式有利于保障国家粮食安全

我国是拥有13亿人口的大国，解决好吃饭穿衣问题始终是治国安邦的头等大事。保障国家粮食安全和主要农产品供给，将长期受需求刚性增长、耕地不断减少、淡水资源日益趋紧等因素的制约。中央准确把握经济发展新趋势，作出我国已总体进入工业反哺农业、城市支持农村的重要判断，鲜明提出走中国特色农业现代化道路的基本方向，鲜明提出统筹推进工业化、城镇化、农业现代化的明确要求。转变农业发展方式、强化农业的基础地位，这是保障工业化、城镇化和农业现代化顺利进行的必然要求。2008年我国人均国内生产总值超过3 000美元，这是经济发展阶段的重要分水岭。从国际经验看，这一时期既是农业现代化建设的重要机遇期，也是农业发展的风险期。美国、西欧各国在进入这个阶段后，都注重农业发展方式转变。因此，在我国工业化、城镇化和农业现代化加速推进期，只有加快种植业发展方式转变，才能有效地保障国家粮食安全和经济安全，实现经济社会又好又快发展。

二、加快转变种植业发展方式有利于增加农民收入

农业经营收入和工资性收入是农民收入的两大主要来源。而农民的农业经营收入又以种植业收入为主。从目前看，我国农户经营规模小、组织化程度低，传统的种植业经营方式很难大幅度提高劳动生产率，制约了农民农业收入的提高。因此，推进种植业经营体制机制创新，大力发展各类产业化经营组织，特别是农民专业合作社，健全种植业社会化服务体系，促进农户分散经营向适度规模经营转变。多元化、多层次、多形式的经营方式，不但可以提高种植业的组织化程度，降低生产成本，拉长产业链条，还可以大幅度增加种植业的产值和农民收入。

三、加快转变种植业发展方式有利于提升农产品市场竞争力

随着对外开放的不断扩大，我国农业面临着激烈的国际竞争。一方面，国外低价农产品的进口压力始终存在；另一方面，园艺产品等农产品出口难度加大，竞争优势面临挑战。因此，我国必须加快转变种植业发展方式，立足资源禀赋，以市场为导向、科技创新为手段、质量效益为目标，科学确定区域种植业发展重点。调整区域功能定位，进一步发挥区域优势，优化粮、棉、油、糖、果、菜等农作物优势区域布局。引导加工、流通、储运设施建设向优势产区聚集，形成优势突出和特色鲜明的产业带，把区域资源优势转化为产品优势、产业优势和经济优势。增强农产品有效供给和市场竞争力，提高种植业整体素质和效益。同时，充分利用“两种资源、两个市场”改善要素结构，推动种植业产业结构优化升级，增强核心竞争力，在激烈的国际竞争中赢得主动。

四、加快转变种植业发展方式有利于实现农业可持续发展

农业的可持续发展是经济社会可持续发展的基础，是指农业生产能力能够保证发展的需求，通过对作物及牧业生产系统与农业投入系统之间的适当运用，即技术上适当，经济上有效益，能被社会接受，以维持其生产环境的不断改善，保持良好的土地质量和水资源可开采量不减少，并且能保证植物和动物遗传资源的多样性①。农业可持续发展是一个复杂的系统，它既包括农业与国民经济其他行业的协调发展，又包括农业内部的协调发展，还包括农业与资源、环境的协调发展。新中国成立以来，特别是改革开放 30 多年来，我国农业发展取得了举世瞩目的成就。但也要看到，我国农业生产力水平还比较低，生产方式比较落

① 杨玉林. 农业可持续发展与农业机械化 [D]. 中国农业大学，2001.

后，传统农业发展方式与资源环境约束的矛盾越来越突出。我国农业用水量占全社会用水量的70%以上，有效利用率只有40%，而先进国家达到70%以上，其中，以色列达到80% ~90%。我国化肥、农药利用率仅在30% ~40%，单位面积化肥使用量是美国的两倍多[①]。因此，加快转变种植业发展方式，有利于提高资源利用率、土地产出率和劳动生产率，有利于突破资源环境约束，实现农业的可持续发展。

① 韩长赋.毫不动摇地加快农业发展方式转变［J］.农村工作通讯，2010（11）.

第三章　种植业发展现状分析

党的“十八大”报告提出，要发展多种形式规模经营，构建集约化、专业化、组织化、社会化相结合的新型农业经营体系；加快发展现代农业，增强农业综合生产能力，确保国家粮食安全和重要农产品有效供给；着力促进农民增收，保持农民收入持续较快增长，让广大农民平等参与现代化进程，共同分享现代化成果。

党的十八届三中全会提出要着力稳增长、调结构、促改革，全面推进社会主义经济建设、政治建设、文化建设、社会建设、生态文明建设。并且提出加快构建新型农业经营体系。坚持家庭经营在农业中的基础性地位，推进家庭经营、集体经营、合作经营、企业经营等共同发展的农业经营方式创新，鼓励土地承包经营权在公开市场上向专业大户、家庭农场、农民合作社、农业企业流转，鼓励农村发展合作经济，鼓励和引导工商资本到农村发展适合企业化经营的现代种养业，允许农民以土地承包经营权入股发展农业产业化经营等。

第一节　种植业发展现状

种植业包括粮食作物、经济作物、饲料作物和绿肥等的生产，通常用粮、棉、油、麻、丝（桑）、糖、茶、菜、烟、果、药、杂十二字来代表。由于种植业在农业和国民经济中的重要地位，特别是粮食作物和某些经济作物所具有的特殊性质，可以说种植业的发展支撑着整个国民经济的发展。“十二五”期间，党中央和各级政府部门坚持把解决“三农”问题作为全党工作的重中之重，始终把解决好13亿人口的吃饭问题作为治国安邦的头等大事，制定出台了一系列强农惠农政策，使得近年来我国种植业稳定发展。

一、粮食实现连续10年增产

粮食生产经受了异常严重的自然灾害、异常波动的农产品市场、异常复杂的外部环境等严峻考验，取得了令人振奋的成绩。2013年，粮食种植面积11 195万公顷，比2012年增加75万公顷。2013年粮食产量60 194万吨，比2012年增加1 236万吨，增产2.1%。其中，夏粮产量13 189万吨，增产1.5%；早稻产量3 407万吨，增产2.4%；秋粮产量43 597万吨，增产2.3%。其中，主要粮食品种中，稻谷产量20 329万吨，减产0.5%；小麦产量12 172万吨，增产0.6%；玉米产量21 773万吨，增产5.9%。全国粮食总产量首次突破60 000万吨，实现10年连续增产。

二、经济作物发展取得新突破

“十二五”时期，在粮食生产获得好收成的情况下，棉、油、糖等工业原料作物生产总体呈稳定发展态势。棉花种植面积435万公顷，减少34万公顷；油料种植面积1 408万公顷，增加15万公顷；糖料种植面积199万公顷，减少4万公顷。2013年棉花产量631万吨，比上年减产7.7%。油料产量3 531万吨，增产2.8%。糖料产量13 759万吨，增产2.0%。茶叶产量193万吨，增产7.9%。

三、农产品优势区域基本形成

适应形势发展需要，深入实施优势农产品区域布局规划，积极推进产业集聚和提升，形成了一批优势突出、布局合理、协调发展的优势产业带。水稻、小麦、玉米、大豆四大粮食作物形成14个产业带，生产集中度分别达到98%、88%、99%和81%。13个粮食主产省粮食产量占全国的75.4%左右，提高2.2个百分点。长江流域、黄河流域和西北内陆三大优势棉区生产集中度达到99%，长江流域油菜优势产区生产集中度达到85%以上，桂中南、滇西南、粤西琼北甘蔗优势产区生产集中度达到93%以上，渤海湾和西北黄土高原两大苹果优势产区生产集中度达到87%以上。长江上中游、赣南—湘南—桂北、浙—闽—粤、鄂西—湘西四个柑橘产业带和一批特色柑橘基地发展强劲，长江上中游与华南冬春蔬菜基地、黄土高原与云贵高原夏秋蔬菜基地、沿海与沿边地区出口蔬菜生产基地、设施蔬菜特别是节能日光温室迅速发展。

四、发展方式转变取得积极变化

通过积极推进资源集约型、环境友好型农业发展，目前，我国种植业发展方式正在由粗放型向集约型转变。

一是优良品种应用面积进一步扩大。2010年水稻、小麦、玉米、大豆四大粮食作物综合优质率达到71.9%，比“十五”期末提高19.9个百分点；优质棉面积达到84.4%，提高4.4个百分点；“双低”油菜面积达到87%，提高9.7个百分点，含油率提高1个百分点。

二是农业投入品利用率进一步提高。高效施肥、高效施药和农田节水等技术得到大面积应用，不仅有力地促进了节本增效，而且对保护生态环境也起到了积极作用。目前，以测土配方施肥技术为主的高效施肥技术应用面积已达到6.4亿亩，相当于全国1/3的耕地面积。

三是鲜食农产品质量安全状况进一步改善。通过不断完善例行监测、动态管理、产品认证和质量可追溯制度，蔬菜、水果、茶叶等食用园艺产品农药残留得到有效控制。

五、科技支撑不断强化

大力开展高产创建和标准园创建，构建水稻、小麦、玉米、大豆、棉花、油菜等大宗农产品现代农业产业技术体系，启动基层农技推广服务体系改革与建设试点，强化种植业科技支撑，有力推进加快新品种新技术推广。2013 年，我国农业科技进步贡献率达 55.2%，主要农作物良种覆盖率达 96% 以上，农作物耕种收综合机械化率达 57%，为粮食实现“十连增”提供了重要支撑。粮食丰产科技工程“十二五”以来累计增产粮食 6 342万吨，增加效益 674 亿元。目前，中国每年推广使用农作物主要品种约 5 000个，自育品种占主导地位，做到了中国粮主要用中国种。其中，水稻、小麦、大豆、油菜等几乎全部为中国自主选育品种；玉米和蔬菜，85% 以上种植的是自有的品种；自主选育和推广了农华 101、登海 605、隆平 206、Y 两优 1 号、新两优 6 号、济麦 22、百农 AK58 等一大批高产优质、综合性状好的优良品种，实现了新一轮的品种更新换代，良种在农业科技贡献率中的比重稳定在 43% 以上。其次，生产用种保障能力进一步提高。全国主要农作物年供种量 1 000多万吨，种子质量合格率 97% 以上，商品种子供应率达到 63%，提高 13 个百分点。良种覆盖率达到 96%，提高 1 个百分点①。测土配方施肥面积超过 10 亿亩，基本覆盖所有农业县（场），累计减少不合理氮肥施用量 430 万吨（折纯），减少氮、磷流失 6% ~30%，粮食作物亩节本增效 30 元以上，经济园艺作物亩节本增效 80 元以上。农田节水技术推广面积年均 4 亿多亩，灌溉水利用率提高 5 个百分点。主要粮食作物病虫专业化统防统治面积 5.1 亿亩，占 12%；绿色防控面积 4.2 亿亩，占 10%。2013 年全国农机总动力达到 10.39 亿千瓦，比 2005 年增加 51.9%；农作物耕种收综合机械化水平达到 59%，提高 23.1 个百分点，小麦耕种收基本实现全程机械化，水稻栽插、玉米收获等薄弱环节取得积极进展。

建设粮棉油糖高产创建万亩示范片 8 200个，集成技术、集约项目、

---

① 农业部：中国粮主要用中国种　良种覆盖率超 96%，http://www.chinanews.com/gn/2014/05-20/6189812.shtml.

集中力量，促进良种良法配套，带动大面积平衡增产。推广超级稻面积8 500万亩，比“十五”增加近一倍；推广高产耐密玉米品种面积超过1亿亩，占玉米总面积的1/4；推广12个优质高产小麦主推品种面积达1.1亿亩，占小麦总面积的1/3。同时，水稻旱育稀植、小麦精量半精量播种、氮肥后移、玉米密植、地膜覆盖等高产实用栽培技术得到大力推广。深入推进园艺作物标准园创建，建设819个蔬菜、水果、茶叶标准园，推进规模化种植、标准化生产、商品化处理、品牌化销售、产业化经营，促进了园艺产品质量和效益全面提升。2010年以来，园艺产品农药残留检测合格率稳定在95%以上。

六、基础设施逐步改善

国家不断加大农田基本建设投入力度，实施各类涉及农田等基础建设的重大项目，改善农业生产条件，增强抗御自然灾害能力。2013年，我国农田有效灌溉面积达9.37亿亩，占耕地面积的51.5%，比2005年提高6.2个百分点。截至2013年，全国农村公路通车里程已达378.48万公里，全国通公路的乡（镇）和建制村分别占全国乡（镇）总数和建制村总数99.97%和99.70%，加快了农产品的流通速度，减少了生鲜农产品的浪费，节省了农产品运输成本。

此外，种植业法律法规不断完善，覆盖国家、省、市、县四级的种子、植保（农药）和土壤肥料等监管体系逐步健全，依法行政能力不断增强。截至2010年年底，全国种植业技术推广机构约5.1万个、在编人员约40万人，其中，基层农业技术推广机构约5万个、人员约37万人。

第二节　面临的瓶颈问题

“十二五”时期，是全面建设小康社会的关键时期，是深化改革、加快转变发展方式的攻坚时期，是工业化、城镇化和农业现代化加快推进的重要时期。在此时期，种植业发展虽面临更加有力的扶持政策、不断强化的科技支撑、逐步加强的基础设施、不断完善的体制机制等诸多有利条件。但从总体上看，我国种植业发展还处于传统种植业向现代种植业的转变阶段，仍然存在一些不容忽视的困难和问题。主要表现在以下五个方面。

一、资源约束日益趋紧

近年来，随着人口增加和经济发展，农产品需求不断增长，而与此同时，耕地和水资源紧缺的情况日益突出，成为制约种植业发展的突出问题。

从耕地资源看，主要矛盾是总量不足和质量下降。根据 2013 年 12 月 30 日发布的第二次全国土地调查主要数据成果公报，2009 年我国耕地面积为 20.3 亿亩，但适宜稳定利用的只有 18 亿亩多，严守 18 亿亩红线形势依然严峻。人均耕地面积为 1.52 亩，较 1996 年第一次调查时的 1.59 亩有所下降，不到世界人均水平的一半。而且现有耕地 2/3 为中低产田，存在养分失衡、肥效下降、退化严重等问题。随着工业化和城镇化进程的加快，人增地减的矛盾将更加突出。“十一五”期间我国粮食增产，播种面积增加的贡献占三成以上，且相当部分是以减少油棉等其他农作物面积为代价的。在城乡居民对农产品多样性需求日趋增大的背景下，单靠扩大面积增产将难以为继。

从淡水资源看，主要矛盾是总量不足、分布不均和利用率不高。我国是世界上 13 个贫水国家之一，2009 年我国人均水资源量为 1 816.2 立方米，仅为世界人均水平的 1/4；水资源时空分布不均。夏季降水量占全年的 70% 以上。北方水少地多，水资源总量占全国的 16.8%，南方水多地少，水资源占全国的 83.2%。水资源与人口、耕地、生产力布局不相匹配。随着粮食生产重心北移，水资源空间布局不平衡问题的影响愈加突出，加之许多地方地下水超采严重，未来水资源的承载能力十分有限。与此同时，我国水资源利用效率不高，为40%，不到发达国家水平的一半。

二、农业灾害危险加剧

近年来随着全球气候变暖，我国极端天气事件发生的概率增加，每年干旱、低温冻害、洪涝等气象灾害频繁发生，不仅灾害种类多，而且发生范围广、程度深、危害大，对农业生产造成严重影响。30年来，气象灾害对种植业生产的影响，虽年际间有波动，但总体呈加重趋势。据统计，20世纪90年代农作物年均成灾、绝收面积，比80年代年均分别增长19.1%和59.2%；21世纪农作物年均成灾面积3.8亿亩，绝收面积9 340万亩，比90年代年均分别增长1.5%和8.8%。同时，气候变化导致农作物病虫草鼠害发生规律出现诸多新变化，对种植业生产构成极大威胁。据监测，与20世纪80年代相比，小麦条锈病越夏区的海拔高度升高100米以上，发生流行时间提早半个月左右；水稻“两迁”害虫和飞蝗发生区域向高纬度、高海拔地区扩展。

三、劳动力素质不高，结构变化更加突出

在工业化和城镇化快速发展的背景下，农村青壮年劳动力大多外出务工，留在农村务农的以中老年人为主，素质普遍偏低，劳动技能提高难度大，先进科技及农机推广受到限制。据统计，2009年全国外出就业的农村劳动力总数1.45亿人，其中，男性占65%、平均年龄32.4岁。随着进城务工的农民不断增加，出现了部分务工农民同时兼营农业的现象，由此导致的问题是这部分农民往往经营比较粗放，土地产出率和劳动生产率都得不到有效提高；留乡务农劳动力平均年龄45岁，接受过系统农业职业技术教育的不足5%。再过10余年现有留乡务农劳动力也将逐步进入老龄化阶段。劳动力素质不高，结构变化更加突出制约

着科技在农业增产中的贡献作用。

四、粮食等主要农产品的需求长期处于紧平衡态势

随着我国人口增长和人民生活水平提高，对粮食等主要农产品的需求呈刚性增加态势。未来一个时期，我国粮食、食用植物油消费量每年大体增加40亿千克和50万吨。此外，对动物蛋白食品的消费需求不断增加，将进一步加大粮食供给压力，粮食供求将长期处于紧平衡态势。

五、科技进步亟待加快

在资源日趋紧张、需求不断增加的情况下，实现可持续发展必须依靠科技进步，提高种植业生产的集约化水平。目前，中国农业科技贡献率仅为48%，比发达国家低近30个百分点。主要存在两个方面的问题：首先是自主创新能力不强。原始创新和关键技术成果不足，产前、产后、产中等技术集成配套不够。其次是转化应用能力不强。农业技术推广体系不健全，机制不活、队伍不稳、保障不足，加之农村劳动力素质不高，影响了先进适用技术的推广应用。

六、比较效益偏低的问题日益突出

近年来，受石油、煤炭、天然气等原材料涨价的影响，化肥、农药、农膜等农业生产资料价格呈上涨态势；随着农业劳动力就业机会增多，农业人工费用不断增加，推动了农业生产成本逐年提高。据国家发改委成本资料分析，水稻、小麦、玉米3种粮食作物，平均亩人工费用由1995年的116.1元增加到2008年的175.0元，增长50.8%。从今后趋势看，农资价格上行压力加大、生产用工成本上升、全社会工资水平上涨的趋势难以改变，而粮食等主要农产品价格提高又受诸多因素制约，农业生产比较效益低的问题将日益凸显。这表明，粮食生产正逐步进入一个高成本时代，现有以农民增收为重心的支持政策效应将会逐步

衰减，对保护和调动农民生产积极性的影响不可低估。

七、基础设施薄弱的问题依然严峻

虽然经过“十一五”时期的发展，我国农业基础设施得到了逐步的改善。但是，农业基础设施薄弱的局面没有得到根本的改变。全国中低产田约占2/3，50%以上的耕地处在水资源紧缺的干旱、半干旱地区，农田有效灌溉面积所占比例不足50%，约1/3的耕地位于易受洪水威胁的地区，田间排灌设施陈旧老化、沟渠道路不配套，抗御自然灾害能力不强；机械化作业水平不高，农作物耕种收综合机械化水平仍然不高，其中，水稻机插、玉米机收比重为17%，油菜机播、机收仅有10%左右。

八、生产组织化程度低

一家一户的小农生产是我国农民最主要的生产组织形式。目前，全国平均每个农户家庭经营的耕地规模不足10亩，这种小规模的分散的农户经营模式严重制约了农业劳动生产率的提高，已经越来越不适应复杂多变的市场环境。随着农业市场化程度的提高和农村劳动力转移加快，提高种植业生产组织化程度的要求越来越迫切。解决这一问题必须推进组织制度创新。但目前的现状是农户与市场的连接机制还不完善，龙头企业和农民专业合作社带动农民的能力还比较弱，农村社会化服务体系发育还不健全。

九、外部因素的冲击与传导更加突出

近年来，我国农产品市场价格波动的影响因素增多、耦合性增强，除基本供求关系变化外，调控政策变化、自然灾害发生、社会游资炒作、食品质量安全事件频发、国际市场价格波动等，都对国内农产品市场价格产生较大影响。2008年以来，我国从粮食净出口国转变为粮食进口国，但是国际粮价持续走低，对我国加大进口形成持续压力。市场价格变动会直接影响生产，增加了粮食和农业生产稳定发展的难度，对种植业产业安全形成直接冲击。此外，许多跨国农业公司借助雄厚的资金和技术力量，加强对我国农业的渗透控制。目前，ADM、邦吉、嘉吉和路易达孚等世界四大粮商已控制国内大豆加工业的80%，并开始在山东、河南、河北、黑龙江等粮食主产区建立或并购粮食加工企业，“先锋”“拜耳”等也开始并购国内种子企业，跨国集团正在我国实施战略布局，外资控盘风险开始显露，对国家粮食安全和种植业发展构成隐患。

第四章　区域间种植业发展方式转变路径选择

我国地域辽阔，各地在自然资源、社会经济等方面的情况千差万别，种植业的发展情况也各不相同，因而所采取的种植业发展方式转变的路径也不相同。本章选取就有不同生产类型的不同区域的河南、湖北、辽宁3个省，对其种植业发展方式具体现状、困境、主要做法和主要经验4个方面情况进行深入剖析，分析了3个省各自转变路径选择。

第一节　河南种植业发展方式转变路径选择

河南是我国的种植业尤其是粮食大省，同时也是我国重要农产品消费的大省，位于我国中东部，黄河中下游。河南有发展种植业的良好条件。首先，光热资源充足。河南地处亚热带向暖温带过渡地区，气候兼有南北之长，气候温和，四季分明，日照充足，降水充沛。全省年降水量600～1 400毫米，自南向北递减。但近年来降水分布不均匀，地表径流量有下降的趋势。无霜期为190～230天，日照时数1 740～2 310小时，光照温热条件适宜于多种动植物生长繁殖。其次，土地资源肥沃。全省地势西高东低，北有太行山，西有伏牛山，南有桐柏山和大别山，中东部是广阔的黄淮冲积平原。全省总面积约16.7万平方千米，占全国总土地面积的1.74%，其中，山地面积约4.4万平方千米，占26.6%，丘陵面积约3万平方千米，占17.7%，平原面积约9.3万平方千米，占55.7%，而且绝大多数土地上都有深厚的土层和营养元素含量丰富的土壤。最后，水资源丰富。境内有黄河、淮河、汉水、海河四大水系，大小河流1 500多条。大中小型水库2 394座，水库容量267亿立方米，加上地下水资源，全省水资源总量年平均达430亿立方米。

一、现状

充足的光、热、水资源和肥沃的土地，为河南农业的发展，奠定了良好的基础。河南是农业大省，粮棉油等主要农产品产量均居全国前列，是全国重要的优质农产品生产基地。2013年，全年全省粮食种植面积10 081 810公顷，比上年增长1.0%，其中，小麦种植面积5 366 660公顷，增长0.5%；棉花种植面积186 670公顷，下降27.3%；油料种植面积1 589 930公顷，增长1.0%；蔬菜及食用菌种植面积1 745 780公顷，增长0.9%。全年粮食产量5 713.69万吨，比上年增长1.3%；棉花产量18.97万吨，下降26.1%；油料产量589.08万吨，增长3.4%[①]。在质量方面，2010年河南省优质粮食品种种植面积占粮食种植面积的70%以上，其中，小麦、玉米、水稻的优质化率分别达到71%、82%和94%，分别比2005年增长9.6个、14.6个和18.2个百分点，优质粮食比重显著提高。

二、困境

河南是我国的小麦主产第一大省，也是我国的粮食主产大省，在保证我国粮食安全方面发挥着不可替代的作用。然而，作为产粮大省的河南，同时也面临着提高农民收入的困境。如何在保证国家粮食安全的前提下，提高农民收入，是河南省种植业发展过程中面临的一个大问题。

---

① 河南省统计局，国家统计局河南调查总队.2013年河南省国民经济和社会发展统计公报，河南统计网，http://www.ha.stats.gov.cn/hntj/tjfw/tjgb/qstjgb/webinfo/2014/02/1392947281440726.htm.

面前面临主要问题主要有两个。

第一，种粮收益不高，影响农民种粮积极性。据调查，2012 年河南农民种植小麦和秋粮的每亩收益分别是 314 元和 517.20 元，若按户均 5.10 亩、一年种植小麦秋粮各 1 季计算，今年农民户均种植小麦和秋粮的生产收益仅为 1 600元和 2 637.70元，总收益 4 237.70元，仅相当于农民工 2 个月的打工收入。农民种粮费时费力却收益不高，严重影响种粮的积极性。

第二，农业生产成本大幅上升，进一步压低农民增收空间。据调查，2012 年种植每亩小麦的生产成本比上年增长 6.6%，其中，物质费用比上年增 20.8%；2012 年秋粮生产成本上涨 4.1%，其中，农资价格上涨导致物质费用增加 6.7%，服务价格上涨导致生产服务支出增加 20%。

三、主要做法

2011 年，河南省在加快建设中原经济区的背景下提出了不以牺牲农业和粮食、生态和环境为代价的“三化”协调科学发展的路子，努力使工业化、城镇化和农业现代化（简称“三化”）协调发展。在对农业的投入力度不断加大的有利条件下，河南省做了多方努力，如不断优化种植业生产结构，增加优质粮食品种种植面积，针对不同地区优势资源集中发展特色农作物的生产，鼓励一些地区发展果园、茶园、花卉、中药材等经济作物。

随着工业化和城镇化进程的提速，土地等要素瓶颈约束日趋突出，对河南而言，人多地少更是制约三化协调发展的最现实问题和核心因素。为了不牺牲农业和粮食，河南严格执行耕地保护制度，连续 13 年实现耕地“占补平衡”，使全省基本农田面积一直稳定在 1.034 亿亩以上。同时，加快推进土地整理复垦开发，全省实施土地整理规模 274.93 万亩。

在推进城镇化的实践探索中，河南把新型农村社区建设作为切入点，正在探索一条农民“不离土不离乡”、实现就地城镇化，统筹城乡发展、推进城乡一体化的新型城镇化道路。目前已确定25个试点县及100个试点村，积极推进农村土地综合整治，力图通过推进新型农村社区建设，腾出大量土地复耕，确保耕地面积只增不减。

河南的农产品加工龙头企业发展也十分迅速，2010年年底，全省各级龙头企业达到6 248家，其中，国家级龙头企业39家、省级龙头企业562家，年销售收入超1亿元的企业594家、超30亿元的企业10家、超100亿元的企业3家，12家企业在国内外上市。农民组织化程度不断提高，至2011年年底，河南省登记的合作社达3.4万家，入社农户达226.49万户。合作社统一组织销售的农产品总值不断增加，有效带动了农民增收。合作社的发展还促进了土地的规模经营。河南1亿亩耕地中，已有1/5实现了土地流转。

四、主要经验

河南省是我国粮食主产大省，近年来，河南省始终坚持把解决农业、农村、农民问题作为全部工作的重中之重，始终坚持在推进工业化、城镇化的过程中牢牢抓住农业农村工作不放松，努力提高粮食综合生产能力，启动国家粮食生产核心区建设，深入调整农业结构，积极推进农业产业化进程，全面落实各项强农惠农政策，实现了全省农业和农村经济的持续健康发展。在确保国家粮食安全的条件下，大力推动种植业发展方式转变，实现农民增收。主要经验主要有以下5个方面。

一是调整种植业结构，按照农产品与现有农产品加工业耦合的原则调整农产品种植结构，实现由单一种植结构向复合种植结构转变。二是稳步推进土地分散经营向土地规模经营转变。积极发展小城镇建设，鼓励农民向小城镇转移，促进土地流转。三是实现由注重产量向产量与品质并重转变。加大农业科技投入，选育推广高产粮食作物品种。四是实现由单一生产粮食向生产粮食与发展养殖并重转变。继续加大对养殖业的扶持力度，调动农民发展养殖业的积极性，实现收入大幅度增加。五是帮助农民由农产品生产者向农产品生产者与经营者双重身份转变。以专业合作社为依托，大力发展农民经纪人队伍，完善农产品生产和销售之间的联结机制，增加比较效益。

第二节　湖北种植业发展方式转变路径选择

湖北地处亚热带，位于典型的季风区内。全省除高山地区外，大部分为亚热带季风性湿润气候，光能充足，热量丰富，无霜期长，降水充沛，雨热同季。全省多年平均实际日照时数为1 100～2 150小时。其地域分布是鄂东北向鄂西南递减，鄂北、鄂东北最多，为2 000～2 150小时；鄂西南最少，为1 100～1 400小时。全省无霜期在230～300天之间。各地平均降水量在800～1 600毫米。降水地域分布呈由南向北递减趋势。2012年全省土地总面积1 858.89万公顷，其中，耕地389.99万公顷、园地59.87万公顷、林地586.04万公顷、牧草地7.58万公顷。2009年，全省水资源总量825.28亿立方米，人均水资源1 347立方米，耕地亩均水资源总量1 347立方米。总供水量281.41亿立方米，其中，地表水源供水271.52亿立方米，地下水源供水8.83亿立方米。总用水量281.41亿立方米，其中，农业用水149.44亿立方米，占53.1%。

一、现状

湖北的农业发展基础扎实。湖北是我国重要的农业省份，基础设施完备，生产装备水平较高。水资源开发已初具规模。农作物产出水平与生产效益一直处于全国领先水平，水稻、棉花、油料、蔬菜、水果等主要农产品总产量均排在全国前列。此外，湖北省农业科技力量雄厚，农业科教资源拥有量高于全国平均水平，在中南地区处于领先地位。2013

年湖北省粮食种植面积425.84万公顷，比上年增加7.83万公顷；棉花种植面积41.56万公顷，减少5.73万公顷；油料种植面积151.7万公顷，增加1.54万公顷。粮食总产量2 501.3万吨，比上年增产59.49万吨，增长2.4%；棉花总产量45.97万吨，减产8.56万吨，下降15.7%；油料产量333.17万吨，增产13.51万吨，增长4.2%①。

二、困境

近年来，湖北省在大力发展种植业方式转变的实际过程中，存在几个方面的突出问题。

1. 资源、环境的承载力减弱

从总体上看，湖北种植业发展依赖的资源、环境基础是比较脆弱的。第一，耕地资源不断减少。1995年以来，共减少耕地474.57万亩。第二，种植业环境承载力大幅降低。全省水土流失面积占全省国土面积32.7%，素有“千湖之省”的湖北，湖泊数量锐减，万亩以上的湖泊只剩68个；工业废弃物排放、农药化肥的大量使用、不合理的灌溉方式及自然灾害等导致耕地质量下降。第三，抗灾害能力减弱。干旱、洪涝、重大病虫害等自然灾害对农业生产的危害总体呈加重趋势。

2. 种植业发展方式转变的基础薄弱

支撑全省农业发展的仍然是传统的农业生产力水平以及外延扩大再生产方式。从反映农业现代化水平的几项指标看，湖北省大多低于全国平均水平。农业增长方式，主要以化肥、农药等物质要素投入为主。农业基础设施相对薄弱。农田水利、乡村道路等基础设施落后的问题仍然突出，特别是现有的中小型农田水利设施大多修建于20世纪六七十年代，年久失修、设备老化，已不能适应排涝抗旱的需要。

---

① 国家统计局湖北调查总队.2013年湖北省国民经济和社会发展统计公报.荆楚网.http://news.cnhubei.com/xw/jj/201403/t2853877.shtml.

3. 科技转化和推广滞后

2003 年以来，湖北省在乡镇综合配套改革中，进行了以建立“以钱养事”机制为核心的基层农技推广体系改革。将原乡镇农业四站全部退出事业编制，人员脱离财政供养，组建成农业（畜牧、水产、农机）服务中心，经县市主管部门资质认定，成为农技推广服务主体，农技人员全部下放到乡镇管理。基层农业技术人员工资待遇低，办公经费难以维持，工作缺乏积极性。基层农技推广体系已出现“线断、网破、人散”的危险现象。因此，虽然许多科技统计指标在全国名列前茅，但由于成果转化不够，农业生产科技水平与先进省份相比仍有较大差距。

4. 经营规模细碎化

2011 年全省 90% 的农户稳定和完善了承包关系，农村土地承包经营权流转开始步入市场化、规范化轨道。家庭承包耕地流转面积达到 492 万亩，占家庭承包经营的耕地面积的 10. 9% 。经营耕地面积 30 亩以上的农户 28 万户，仅占全省农户数的 2. 94% 。

三、主要做法

1. 实施重点工程推进

围绕优质水稻、双低油菜、食用菌、蔬菜、果茶等优势主导产品，按照高产、优质、高效、生态、安全的要求，实施绿色农业产业工程。依托绿色食品和有机食品产业化龙头企业和专业合作组织，建设一批绿色食品标准化板块基地和标准化原料加工基地，以农业标准化带动农业产业化发展。

2. 加大技术支撑力度

重点提高粮、棉、油、茶等主要作物在耕作、播种、收获、加工等环节机械化作业程度，对农业生产短缺、农民急需的农业机械，加大开发、引进和推广的力度。改变过去依靠资源高强度投入的粗放发展方式，实现以现代生物科学革命为标志的种植业生产大变革。

3. 大力培育新的经营主体

湖北省加快培育适应目标市场化、生产专业化、组织规模化、手段机械化、技术实用化的新型农民，促进农业劳动者由传统农民向职业农民转变。在大力发展各类农村专业协会、合作社等合作经济组织的努力下，2010 年，全省经工商登记的农民合作社达到 12 081家，农民组织化程度显著提高。

4. 更新理念，加强引导

当前，我国食物消费结构已进入品种多元、外观标准、品质安全的阶段。这些变化趋势将有力地推动农业结构朝着优质、高效、生态、安全方向发展，农产品加工业也将面临更为广阔的市场空间。因此，从“十二五”时期开始，湖北省主抓提高农产品质量安全标准水平，不仅作为突破国外“绿色壁垒”的主要抓手，也作为扩大农产品出口的需要，更是适应新的市场需求，抢占国内市场的重要手段。

四、主要经验

湖北在推进转变种植业发展方式的进程中，由追求数量逐渐向注重质量效益同步提高转变，种植业效益要由单一追求经济效益逐渐向注重生产、生活、生态效益相结合转变；种植业功能要由单一食品保障、原料供给向具有生态保护、观光休闲、文化传承等多种功能转变。具体做法主要包括以下几方面。

第一，打造现代种植业产业体系，提高种植业综合效益。种植业的竞争归根结底还是产业体系的竞争。打破长期以来一直禁锢在“农业 = 粮食、农业 = 种养业”的观念中，关注农业的多功能性属性进而关注产前和产后各业的发展。建立现代农业产业体系，注重农业高端种植业的发展，抢占种植业发展的制高点。主要抓好三个方面的产业发展。一是大力发展种业；二是大力发展农产品加工业；三是发展农村现代服务业。

第二，强化科技支撑，努力提升种植业整体素质。科技创新是种植业发展方式转变的动力源泉。强化农业科技支撑，要切实把重点放在四个方面：一是加快农作物育种技术及新品种选育，集中突破一批节能、节水、节地、节肥、节药和循环利用的关键技术，促进农业可持续发展。二是要加强校地合作，发挥农业科技领军人才的作用，发展农业产学研联盟。三是要加快农业技术的推广与普及。四是要加强对农民的培训，为发展现代农业提供智力支撑。

第三，积极发展生态友好型农业，实现生产、生活、生态功能协同，提高种植业可持续发展水平。

第四，创新体制机制，增强种植业发展活力。体制机制创新是加快种植业发展转变的决定因素。积极鼓励、引导农户进行合理土地流转，推进适度规模经营。

第三节　辽宁种植业发展方式转变路径选择

辽宁地处中纬度的南半部，欧亚大陆东岸，属温带大陆性季风气候，雨热同季，日照丰富，四季分明。年日照时数 2 100 ~ 2 900 小时，年平均降水量 400 ~ 970 毫米，平均无霜期 130 ~ 200 天，一般无霜期均在 150 天以上。耕地面积 409. 29 万公顷，占全省土地总面积 27. 65%，人均占有耕地约 0. 096 公顷，其中，有 80% 左右分布在辽宁中部平原区和辽西北低山丘陵的河谷地带；园地面积 59. 85 万公顷，占土地面积的 4. 04%；林地面积 569. 07 万公顷，占土地总面积的 38. 47%。辽宁省是东北地区降水量最多的省份，年降水量在 600 ~ 1 100 毫米。东部山地丘陵区年降水量在 1 100 毫米以上；西部山地丘陵区与内蒙古高原相连，年降水量在 400 毫米左右，是全省降水最少的地区；中部平原降水量比较适中，年平均在 600 毫米左右。

一、现状

近年来，辽宁省依靠科技进步，使全省种植业生产结构、品种结构和品质结构进一步优化，种植业内部结构得到理性调整，粮食作物种植面积不断扩大。中央减免农业税、对种粮农民实施粮食综合补贴和购置农机具补贴等支农、惠农政策的实施，也使农民种粮积极性高涨，全省粮食种植面积得到恢复性增长。辽宁省全年粮食作物播种面积3 226 400公顷，比上年增长0.3%。其中，水稻播种面积649 200公顷；玉米播种面积2 245 600公顷。全年经济作物播种面积982 400公顷，比上年下降1.1%。其中，油料作物播种面积354 700公顷；蔬菜及食用菌播种面积492 100公顷。全年粮食总产量2 195.6万吨，比上年增产125.1万吨，增长6%。其中，水稻产量506.9万吨，下降0.2%；玉米产量1 563.2万吨，增长9.8%。全年油料产量113.6万吨，比上年下降6%。蔬菜及食用菌产量3 270.9万吨，增长9.8%。水果产量944.7万吨，增长5.6%。[①]

二、困境

辽宁省不合理的生产方式造成严重的资源浪费和环境污染，制约着种植业和农村经济持续发展，种植业的再生产能力受到资源短缺和生态环境恶化的严峻挑战。从总体上看，辽宁省种植业发展方式还很粗放，资源消耗大、浪费严重，如目前化肥、农药使用量大，但利用率不高，农业灌溉水资源占有量少，但浪费严重，秸秆、畜禽粪便利用率也很低，加之生态环境恶化和农业环境污染加剧等突出问题，严重威胁着农产品质量安全，制约了农村经济的进一步发展，制约了种植业的可持续发展，具体表现在以下几个方面。

---

① 辽宁省人民政府.2013年辽宁省国民经济和社会发展统计公报.辽宁省人民政府网站。http：//www.ln.gov.cn/zfxx/tjgb2/ln/201402/t20140224_ 1274182.html.

1. 农业资源不足制约了农业和农村经济持续稳步发展

一是土地资源紧缺，人地矛盾突出；二是水资源匮乏，全省人均水资源占有量仅为全国1/3。农业资源的匮乏，限制了农业综合能力的提高，已成为种植业进一步发展的瓶颈。

2. 资源综合利用水平低下，浪费严重，限制了种植业持续发展

一是水资源浪费严重；二是耕地质量持续下降；三是农作物秸秆资源浪费严重；四是有机肥资源流失严重。农业资源利用效率低下问题的直接后果除了造成资源浪费和污染环境外，更主要是加剧了农业资源短缺的矛盾。

3. 农业面源污染严重，阻碍了种植业持续发展

一是农村生活垃圾和污水未经处理随意排放，导致农村环境卫生状况恶化，造成地表水和地下水污染；二是畜禽粪便造成的污染问题日益突出；三是化肥、农药和农膜造成的面源污染问题严重；四是秸秆焚烧造成的环境污染问题时有发生。农村环境污染问题的不断加剧，直接造成农村生产和生活质量的下降，危及人民群众的身体健康与整个社会的和谐发展。

三、主要做法

1. 加大资源、环境保护力度

采用有力政策措施推进资源保护，提升资源使用效率。目前，辽宁省耕地保有量保持在6 120万亩，农业灌溉用水有效利用系数提高到0.58。单位地区生产总值能源消耗降低、单位地区生产总值二氧化碳排放降低和化学需氧量、二氧化硫、氨氮、氮氧化物等主要污染物排放减少完成国家下达的约束性指标。森林覆盖率提高到42%，森林蓄积量达到3.2亿立方米。

2. 以资源化再利用为目标，积极开发种植业废弃物综合利用技术

全省年产秸秆约1 575万吨，扣除作燃料和饲料的秸秆外，1 000多

万吨的秸秆剩余。一是推广了“种植业—秸秆—牲畜过腹还田—种植业”“种植业—秸秆还田—种植业”和“种植业—秸秆—食用菌—有机肥（饲料）—种植业”等农业循环经济模式；二是推广了免耕覆盖沃土栽培技术，促成秸秆还田，切实提高土壤肥力；三是在农民集中居住区，推广秸秆生物气化技术，建设秸秆沼气集中供气示范工程；四是推广了以秸秆为主要原料的固化成型技术和省柴节煤灶；五是推广了秸秆生物反应堆，促进设施农业发展。通过综合利用农作物秸秆，治理种植业废弃物污染，实现农业资源和废弃物的高效利用和循环利用。

3. 全面推开有利于种植业可持续发展的保护性耕作

保护性耕作推广工作逐步在全省全面推开，农机科技贡献率进一步提高，农机化已成为农业科技应用重要载体，保护性耕作、精量播种和机械收获等节水、节肥、节种、节油、节地、节本“六节”农机技术得到广泛应用，有效地促进了农民增收，促进了种植业可持续发展。

4. 积极推广种植业面源污染防治技术，控制面源污染，促进种植业可持续发展

结合无公害食品行动计划，积极推广种植业面源污染防治技术，针对部分农产品农药、亚硝酸盐、重金属等超标问题，控制了投入品农药和化肥的数量，科学合理使用农药，推广科学施肥技术，由此来控制由于农业生产措施而造成的面源污染，保证了农产品质量安全。

四、主要经验

1. 转变农业发展方式

按照高产、优质、高效、生态、安全的要求，以转变农业发展方式为主线，以促进农业专业化、标准化、规模化、集约化为重点，发展现代农业，进一步提高农业综合生产能力、抗风险能力和市场竞争能力。

2. 加强农业综合生产能力建设

辽宁省面实施新增 22.5 亿千克粮食生产能力建设规划，加快昌图

等36个国家级粮食大县产能建设。完善农田小微型水利设施，建设旱涝保收高标准农田。实施优质水稻提升工程、以花生为主的油料建设工程，培育阜蒙、黑山等花生产业示范县，把阜新市建设成全国重要的花生生产、加工和出口基地。以突出特色、增加效益为重点，发展高效设施农业，把朝阳市打造成全省高效设施农业示范市。实施优质水果工程，加快渤海湾优质水果产业带建设。稳步提高蔬菜产量，提高农产品生产能力和效益。认真抓好“米袋子”“菜篮子”。进一步健全完善粮食质量检测、购销、储备运输、监督预警体系，加强仓储设施建设，推进农户科学储粮工程，保障粮食有效供给。

3. 提升农业产业化经营水平

实施农业龙头企业带动工程，大力培育现代农业经营主体，通过招商引资、政策扶持，推动一批龙头企业提高层次、扩大规模，带动生产基地和种养农户扩大上下游产品加工的联合与协作，做大做强农业“一县一业”，每个县至少形成一个知名品牌。加快辽南无公害农业区建设，大力发展绿色、有机食品生产，率先建成全省现代农业示范区，建成全国重要的农产品生产、加工和出口基地。

4. 加强农业科技创新能力建设

加大农业科技投入，深入实施科技特派行动，强化现代农业产业技术体系建设。提高农业社会化服务水平，建立完善的农业标准体系、公益性农业技术推广体系、农产品质检体系和动植物防疫体系。实施农业种子创新工程，加强种业资源整合，推进良种培育，加快发展现代种业。加快农业机械化，重点推动玉米、水稻生产全程机械化。

第五章　种植业发展方式转变中新型主体发展演变

培育壮大农业新型经营体系，是加快农业转型升级的必然要求，也是促进农民有序转移、提高农民收入水平的重要举措。新型农业经营体系是指大力培育发展新型农业经营主体，逐步形成以家庭承包经营为基础，专业大户、家庭农场、农民合作社、农业产业化龙头企业为骨干，其他组织形式为补充的新型农业经营体系。构建集约化、专业化、组织化、社会化相结合的新型农业经营体系，就是适应发展现代农业需要，着力在“统”和“分”两个层次推进农业经营体制机制创新，加快农业经营方式实现“两个转变”。大力引导和培育农业龙头企业、专业大户、家庭农场、农民专业合作社等新型农业经营主体，发展多种形式的农业规模经营和社会化服务，有利于有效化解这些问题和新挑战，保障农业健康发展。

第一节　农业企业

农业企业是指从事农、林、牧、副、渔业等生产经营活动，具有较高的商品率，实行自主经营、独立经济核算，具有法人资格的营利性的经济组织。农业企业是以企业为龙头的产、供、销一条龙，农、工、商一体化开发的组织形式。有的地方把这叫作“公司＋基地＋农户”。即由某公司（或公司集团）作为主体，统一承包或买断某些土地、山林、水面等的开垦权，然后由其组织农户开发，建立生产、开发基地；公司与农户的关系用合同形式规范、确定；公司负责对农户作技术培训、指导，农户生产出的产品必须交由公司统一运销、加工，利益分成。

因此，农业企业又称为“农业产业化龙头企业”，是指依托主导产业和农产品生产基地建立的规模较大、辐射带动作用较强，具有引导生产、深化加工、服务基地和开拓市场等综合功能，与基地农户结成“风险共担、利益同享”的利益共同体，并和生产、加工、销售有机结合，相互促进的农产品加工和流通企业、中介组织或专业批发市场[①]。涉农企业是农业产业化经营体系中的核心，产业化进程的快慢、规模大小和经济效益的高低，直接取决于龙头企业经营市场化的程度[②]。

一、演变及现状

我国从20世纪90年代实施农业产业化以来，龙头企业在产业化链条中起着示范、引领、拉动等重要作用，带动了包括以种植、养殖、加工、物流、产品检疫、农产品贸易等多个领域全面发展。2011年11月28日，以农业部为首的八个部门公布了359家企业为第五批农业产业化国家重点龙头企业，据农业部统计，截至2011年年底，全国农业产业化龙头企业11万多家。2012年3月6日，国务院出台《国务院关于支持农业产业化龙头企业发展的意见》，分别从标准化农业生产基地建设、农产品加工优化升级、农产品流通体系完善、龙头企业集聚、技术创新、国际市场开拓及农民与企业利益联结机制完善等几个方面对农业产业化发展提供政策建议。从各地方的发展规划来看，以农业龙头企业为引领的农业产业化发展战略是实现我国农业现代化的主要途径。

---

① 赵红雷．陕西农业产业化中龙头企业与农户利益对接模式研究［D］．西北农林科技大学，2008．

② 牛霞．农业产业化中“龙头企业”的现状与发展分析［J］．中国农业大学社会科学学报，1998（10）：14－18．

二、特征

农业企业具有一般企业的如下特征。

（1）农业企业的经营目的是获得利润。

（2）农业企业必须独立核算、自负盈亏。

（3）企业具有法人资格，受到国家有关法律的保护和约束。

（4）农业企业拥有经营自主权，行使企业应有的职能。

此外，农业企业具有本部门企业的特征。

（1）地处广大农村，企业的生产经营活动具有分散性特点。

（2）主要从事第一产业，提供动植物产品的生产、加工、流通和服务。

（3）具有多种经济成分和多种经营形式。农业生产不仅在经营上实行一业为主，多种经营，而且在管理上实行联产承包、统分结合、双层经营的体制。种植业和养殖业之间存在相互依赖、相互促进的关系，从而要求经营管理上必须与之相适应，一般都实行一业为主，多种经营，全面发展的经营方针。

（4）生产活动是在自然条件下进行的，受自然因素的影响很大，生产条件较差，工作比较艰苦。农业生产具有明显的季节性和地域性，劳动时间与生产时间的不一致性，生产周期长。

（5）土地是农业生产的重要生产资料，是农业生产的基础。

（6）农业生产中部分劳动资料和劳动对象可以相互转化，部分产品可作为生产资料重新投入生产。

三、优势

农业企业从事农业生产经营活动，具有较高的商品率，实行以企业为龙头的产、供、销一条龙，农、工、商一体化开发的特殊组织形式。与其他农业经营主体相比，农业龙头企业具有以下独特性。

1. 持续培育新的农业经济增长点

农业龙头企业能够获得金融机构更多的贷款支持，吸引工商资本、外资和民间资本投入，直接面向激烈的国际国内市场，能促进规模的扩大和产品的升级。在参与新项目方面，如涉及无公害蔬菜和甘薯标准化示范基地、肉鸭加工、紫菜加工、海参养殖及加工、海产品深加工、蔬菜深加工、纺织品生产线技改、稻草中密度纤维板、农业生态旅游的项目等具有很大优势。龙头企业在较为先进的新型发展项目和科技应用方面大多是在同行业中居于领先位置，成为农业产业化经营中新的增长点。

2. 提高了农业生产的市场化组织程度

农业龙头企业对市场的把握度更高，能够依靠企业高度组织化的优势，突出优质安全生产基地建设，带动农业的生产。通过大力开展基地建设，“龙头企业 + 基地 + 农户”的产业化生产模式得到较好运用，农业生产的市场化组织程度大大提高。

3. 带动了农民就业和收入增长

农业龙头企业依托生产基地建设，不断拓展产品市场，极大地调动了广大种植户的生产积极性，使龙头带基地的辐射范围越来越大。农业龙头企业带动农户生产，提高当地农户就业率，增加了农户收入水平。通过对农户产品的收购、给农民提供优质作物品种和免费技术培训，农业龙头企业不仅满足了自己对生产资料的需求，还解决了农民的销售难题，带动了周边原料种植业的发展，增加了农民收入。

4. 增强了农产品的市场拓展和应对能力

各农业龙头企业都能够积极应对复杂多变的经济形势，在市场准确定位，在国内外市场也有一定的竞争实力。通过农业龙头企业可以增强农产品在国际市场的开拓和发展。农业龙头企业规模大，资金充足，有较强的市场竞争能力，面对各种突如其来的危机时，多数龙头企业能够及时调整产品结构，降本增效，渡过难关。

第二节　农民合作社

农民专业合作社是在农村家庭承包经营基础上，同类农产品的生产经营者或者同类农业生产经营服务的提供者、利用者，自愿联合、民主管理的互助性经济组织。农民专业合作组织规模经营模式主要是指以农户家庭生产经营为基础，以农民专业合作社或农民专业协会为主导，集体统一组织部分生产经营环节，发挥集体优势而形成规模生产的一种经营模式。这种组织生产模式正在蓬勃发展，具有良好的发展前景。这种模式能有效推进土地流转，促进农作物品种改良，提高农业生产的组织水平，有效地促进农民增收。

一、演变及现状

我国早期的农业合作化运动主要集中在1953—1956年，农业生产合作社经历了农业生产互助组、农业生产初级社、农业生产高级社三个阶段。这段期间，以农具和土地为主的生产资料由私人所有逐步变为集体所有，实行一切生产按领导计划执行，实行完全的按劳分配①。这段时间的合作化运动以失败告终，究其原因就是它严重违背了自愿互利原则，否认了农业家庭经营，并使合作化最终演变成了集体化。

改革开放以来，小规模一家一户的农业经营方式日益难以适应大市场的发展要求与变化，农民合作社应运而生、蓬勃兴起。政府对农民合作社的发展采取了一系列支持政策，不断扶持农民专业合作社加快发展，使之成为引领农民参与国内外市场竞争的现代农业经营组织。2007年，具有划时代意义的《中华人民共和国农民专业合作社法》开始施行，赋予了农民专业合作社独立的法人资格和市场主体地位。2004年

① 李秉龙，薛兴利．农业经济学［M］．北京：中国农业大学出版社，2003

以来的连续10个中央1号文件提出了一系列支持合作社发展的政策措施。2013年，成立了由农业部牵头的9个部门和单位组成的全国农民合作社发展部际联席会议制度。2014年8月27日，九部门联合发文《关于引导和促进农民合作社规范发展的意见》提出要加强农民合作社规范化建设，采取切实有效措施，提高农民合作社发展质量。

随着一系列支持政策的实施，农民合作社迅速发展。合作社数量迅速增加，到2013年12月底，全国依法登记注册的专业合作、股份合作等农民合作社达98.24万家，同比增长42.6%；实际入社农户7 412万户，约占农户总数的28.5%，同比增长39.8%①（表5-1）。

表5-1　中国2007—2013年合作社变化统计表

年份	2007*	2008	2009	2010	2011	2012	2013
合作社数（万个）	2.64	11.09	21.16	35.22	50.92	63.4	98.24

*为全国工商总局数据，其余为农业部数据。

合作社覆盖范围不断扩大，涉及种养、加工和服务等众多行业。国家工商总局2013年1月10日公布数据显示，至2012年年底，农民专业合作社实有68.9万户，比上年底增长32.07%，仅2012年这一年，就新诞生16.7万家，出资总额1.1万亿元，增长52.07%。而农业部的统计显示，截至2012年年底，种植业、畜牧业、服务业、林业、渔业合作社数合计60多万家。种植业合作社中，粮食合作社7.61万个，占不到1/4。畜牧业合作社以生猪和奶业合作社为主，占畜牧业合作社40%多。服务业合作社中农机合作社占到了一半以上，其次植保合作社（0.7万个）和土肥合作社（0.2万个）分别占服务业合作社的12.9%和3.6%②（表5-2、表5-3）。

---

① 商文.2013年我国农民合作社数量同比增长42.6%.http：//www.zh-hz.com/html/2014/02/21/294488.html.

② 农业部经管司.2012年农民专业合作社发展情况.http：//www.jgs.moa.gov.cn/tjxx/201307/P020130718579672973316.doc.

表 5－2　中国 2012 年合作社行业分布情况统计表

行　业	种植业（其中粮食）	畜牧业（其中生猪）	服务业（其中农机）	林　业	渔　业
合作社数（万个）	30.6（7.61）	17.7（6.2）	5.7（3.3）	3.5	2.5
比重（%）	48.2（24.9）	27.9（35）	9.1（56.9）	5.5	3.9

合作社服务能力不断增强。越来越多的专业合作社从简单的技术、信息服务向农资供应、统防统治服务延伸，由产前产中服务向产后的包装、储藏、加工、流通服务拓展。2012 年，实行产加销一体化服务的合作社 33.1 万个，占合作社总数的 52.2%。合作社所开展的农超对接、农社对接、农校对接等活动，通过加强鲜活农产品田间地头的预冷处理，减少流通储藏时间，可降低鲜活农产品 70% 的损耗率①，大大降低了流通环节的损失，使农产品的市场竞争力不断提升。

表 5－3　中国 2008 年合作社产业与地域分布

类　型	数　量	比重（%）	服务范围	成立时		2008 年	
				数量	比重（%）	数量	比重（%）
种植业	86	61.43	本村内	21	15	9	6.43
农产品运销	69	49.29	跨村	105	75	123	87.86
养殖业	50	35.71	跨乡	74	52.86	102	72.86
农产品加工	39	27.86	跨县	16	11.43	53	37.86
农机	14	10					
灌溉服务	7	5					

数据来源：韩俊．调查中国农村．北京：中国发展出版社．2009

二、特征

建立和发展以农民为主体的各种新型专业合作组织，是提高我国农业市场竞争力和壮大支柱产业、增加农民收入的重要举措，适应了农户

① 农业部. 中国农民专业合作社发展报告 2011 [M]. 中国农业出版社，2013.

家庭经营对社会化服务的需要，表现出了较强的生命力，具体作用和成效表现在以下几个方面。

（1）提高了农民进入市场的组织化程度。

（2）拉动了农业产业结构的战略性调整。

（3）加快了农业科学技术的应用步伐。

（4）进一步完善了农业社会化服务体系。

农民专业合作组织以民办、民管为组织特征，是对家庭经营制度的完善和补充，较好地解决了农户家庭经营在资金、技术、市场信息等方面的困难。加入农民专业合作组织的农户收入有较大的提高。

从世界范围看，农民专业合作组织不但存在于发展中国家，在发达国家中也普遍地存在着。因此，在我国发展农民专业合作组织不仅符合世界上大多数国家农业发展的历史趋势，更是我国加快推进农业现代化的现实选择。

三、优势

与其他新型经营组织相比农民专业合作社具有以下几点独特性。

（1）为农民的专业化生产提供产前、产中和产后服务，有利于推广应用先进的农业科学技术，提高农民抵御市场风险、经营风险和自然风险的能力。例如，根据当地的自然条件、种植习惯、经济基础等确定适合当地发展的产品以后，可以通过农民专业合作社注册集体商标、地名商标，通过品牌化经营提高农业产业化经营水平。

（2）加强社员自律，协调专业合作社的内外部关系。农业生产的分散化和非组织化制约了农业产业化经营。农民专业合作社可以利用组织手段协调农户关系，规范农户行为，提高产品质量；可以利用其行业代表身份，协调社员与其他经济组织之间的经济关系；可以统一、协调社员的集体行动，争取比较有利的市场竞争和谈判地位。

（3）农民利益表达的有效渠道。农民是我国最大的社会群体，但分布比较散，组织化程度不高，其意愿的充分表达和利益的有效维护较为困难。农民专业合作社作为代表和维护社员权益的组织，能及时向政府及有关部门反映行业的要求、建议和意见，积极争取相关政策。专业合作社通过集中“过滤”原来分散的农业生产经营者的个体意愿，在一定的法律框架内形成和维护行业整体利益。同时，专业合作社通过规范和约束农民、农业企业、农产品市场的行为，化解行业内外的矛盾，维护农业市场秩序和相关市场主体的经济利益。

（4）推进农村民主管理的重要载体。为适应社会主义市场经济发展的要求，在政府与农民之间，需要社会中介组织承接政府的相关职能。农民专业合作社建立在农民自愿的基础上，对专业合作社组织的管理以经济和法律手段为主，贯彻“入社自愿、退社自由”原则，实行自愿组合、民主管理，使成员真正当家做主。农民专业合作社可以使广大农民在经济活动中养成行使民主权利、进行民主管理的习惯，增强民主管理意识，提高民主决策能力。广大农民在参与合作经济活动过程中，能逐渐体会到合法守序、诚信经营的重要性，依法维权的意识也要加强。同时，专业合作社深入农民群众，联系当地实际，宣传党的方针政策，尊重农民意愿，集中农民意见，提出解决问题的思路和建议供群众选择，并在为群众所接受的基础上及时采用，这不仅可以促进农村经济发展，而且有助于推进农村民主管理进程。

（5）农民专业合作社是自愿和民主的经济组织。任何单位和个人不得违背农民意愿，强迫他们成立或参加农民专业合作社；同时，农民专业合作社的各位成员在组织内部地位平等，并实行民主管理，在运行过程中应当始终体现“民办、民有、民管、民受益”的精神。

（6）农民专业合作社是具有互助性质的经济组织。农民专业合作社是以成员自我服务为目的而成立的，参加农民专业合作社的成员，都是从事同类农产品生产、经营或提供同类服务的农业生产经营者，目的是通过合作互助提高规模效益，完成单个农民办不了、办不好、办了不合算的事。这种互助性特点，决定了它以成员为主要服务对象，决定了“对成员服务不以营利为目的”的经营原则。

第三节 专业大户

专业大户是我国农民在家庭经营基础上，在发展农业商品生产的实践中，通过土地使用权流转和生产要素的集聚而出现的一种新的经营方式。专业大户实质上是在家庭承包经营的框架内，通过投入要素的增加和组合的优化，使家庭经营的容量得到有效的扩充和提升，是在家庭内部开发致富的新领域（纪永茂，陈永贵，2007）。专业大户主要由农村种植能手、养殖能手、专业户通过土地流转和资源、生产要素集聚而产生，还有一些经营大户是乘一些地方农业开发、对外开放机会，由城镇职工、工商企业投资到农业经营中来的。专业大户目前还是以家庭经营的个体大户为主，但也存在雇主经营制的农场大户，合伙经营制和股份公司制的企业大户也有出现，但在数量上不占多数。专业（种养）大户原则上要具备3个条件：一是以户为单位，属于家庭经营性质的；二是专业突出，其产值应占家庭经营总量的70%以上；三是要有相当的规模，年经营专业产品要消纳2个劳动力以上，户均经济容量要超过当地平均水平1倍以上（纪永茂，陈永贵，2007）。

一、现状

目前，专业大户总体数量还是很小的，但它的出现，是农村生产关系适应生产力发展要求的一个必然产物，是分散经营农户小生产与统一的国内外大市场矛盾运动的结果，是一个带根本性的制度创新，预示了我国农业生产力突破性发展的必然趋势。种植大户目前是一支农业现代化建设的重要力量，在提高种植效益、稳定粮食生产中的作用日益显著。目前，种植大户的数量在迅速增加。农业部调查表明，当前我国

100亩以上的种粮大户约47.84万户，经营的耕地面积达到9 744.08万亩。其中，黑龙江省和黑龙江垦区的规模种粮户合计超过了30万户，内蒙古自治区和吉林省的种粮大户均超过5万户。

二、特征

（1）专业大户符合世界农业经营的发展方向。世界大多数国家，包括发达国家在内的农业经营有两个基本趋势，一是家庭经营，二是规模经营，这反映了农业经营的本质要求。我国曾经搞过脱离家庭的规模经营，如人民公社、集体农场等，被实践证明是不成功的。目前虽是家庭经营，但规模狭小，同样面临许多问题。家庭经营和规模经营的结合就是农业大户经营，其本质规定就是土地、资金、技术、劳动力、管理等各种生产要素的合理配置。

（2）专业大户经营重塑了农民家庭的市场主体地位，改变过去小规模经营时只是生产主体的情况，开始集生产主体、市场主体、投资主体、决策主体于一身，独立自主地参与市场竞争。农户小规模经营更多地带有自然经济色彩，与市场联系不紧密，必然影响农业科技应用和农业现代化建设①，农户由分散经营变革为大户规模经营，由生产主体变为市场主体，标志着我国农业发展与改革跃进到一个新的阶段。

（3）与前述合作经济组织等其他组织经营方式比较看，专业大户经营方式的功能、作用更全面些，甚至在某些方面能把前者包含其中。

（4）专业大户的发展除了对自身的好处外，作为农村先进生产力的代表，在农业科技应用，农业新技术、新品种引进，农业集约经营，农业市场开拓等方面都是处在一般农户的前列，对其他一般农户有明显的带动效应、示范效应、辐射效应和集聚效应，在推进农村经济发展中的作用和影响是十分巨大的②。

---

① 杨国玉和杨秀英（2005）

② 同上

三、优势

（1）从塑造市场主体地位看，专业大户是集生产、销售、投资、决策主体于一身的市场主体，专业合作组织一般只参与产品销售和技术服务。

（2）从促进农业生产角度看，种植业、特别是粮食生产由于比较效益低，一直是我国农业的薄弱环节，发展农业必须对粮食生产予以更多的关注。专业合作经济组织经营方式一般存在于水果、蔬菜、乳业、肉类等特种种植、养殖领域内，对大田粮食生产帮助还不够多，而粮食种植大户能较好地解决这个问题。

（3）从长期发展角度看，专业大户方式能内生出自我发展的机制，它能由弱到强，在发展中不断壮大，最终成为驰骋于国际国内农产品市场的强力竞争者，而专业合作经营组织只是从外部对农户提供帮助，至多是帮助农户的产品走向市场，并不能真正让农民走向市场。

第四节　家庭农场

家庭农场是以农户家庭为基本组织单位，面向市场，以利润最大化为目标，从事适度规模的农林牧渔的生产、加工和销售，实行自主经营、自我积累、自我发展、自负盈亏和科学管理的企业化经济实体。家庭农场早在20世纪80年代就在我国部分地区出现了，它是伴随着家庭承包经营和农业适度规模经营的发展而出现的新生事物，是农户家庭组织的一种高级形式。与家庭农场相适应的农业生产经营体制是以邓小平“两个飞跃”思想为指导，坚持农地集体所有制不变，以家庭农场为主体，以合作经济组织为依托，以企业化管理为手段，适应市场经济发展需要的家庭农场制（黎东升，曾令香，查金祥，2000）。

家庭农场是指以农户为本体的内涵式规模经营。在某些农民人均占有土地较多，水土资源开发潜力较大地方适用此一样式。其特点是农户在其承包经营田地范围内，加大投入，对水土资源进行立体式、多层面开发，或实行多种经营综合利用，以取得更大的产出和附加值。有的地方把这叫作“庭院经济”或“园林经济”“庄园经营”等。其实质是走资源的深度开发和综合利用之路。

作为代替传统小规模家庭经营的新农业生产形式，家庭农场有一定生产规模，但以种养业为主，以家庭劳动力为主，辅以季节性雇工，耕地或开发用地是在自有责任田基础上转租或转包进来的其他耕地，他们对普通农户有一定示范作用①。

一、现状

目前，家庭农场按经营方式可分为雇工和不雇工两种类型。不雇工型比较普遍，其农业生产的作业与管理依靠家庭成员进行，不雇佣他人。其特点是管理比较简便，组织成本和监督费用小。雇工型也有一定发展，其农业生产的作业与管理除依靠家庭成员外，还雇佣一定数量的人员。

按经营内容，家庭农场又可分为单一型和综合型两大类。单一型是在农、林、牧、渔中只经营其中一种的家庭农场，它又可细分为种植型、渔业型、林业型和畜牧养殖型4种。由于该类型的家庭农场从事某项专业生产，因此，便于机械操作和集中力量引进新技术、新品种、新工艺，有利于科学种田，形成规模经营，获得较好的经济效益。而综合型的比较普遍。它是农、林、牧、渔或其中几个部门兼而有之，一般以种养结合为主。

农业部首次全国家庭农场发展统计调查显示，国内家庭农场已初具规模。截至2012年年底，全国30个省、区、市（不含西藏）共有符合

① 陈家骥，杨国玉，武小惠．论农业经营大户［J］．中国农村经济，2007（4）：12－17．

本次统计调查条件的家庭农场87.7万个，经营耕地面积达到1.76亿亩，占全国承包耕地面积的13.4%。公告还称，平均每个家庭农场有劳动力6.01人，其中，家庭成员4.33人，长期雇工1.68人。在全部家庭农场中，从事种植业的有40.95万个，占46.7%；从事养殖业的有39.93万个，占45.5%；从事种养结合的有5.26万个，占6%；从事其他行业的有1.56万个，占1.8%。农业部指出，家庭农场的平均经营规模达到200.2亩，是全国承包农户平均经营耕地面积7.5亩的近27倍。其中，经营规模50亩以下的有48.42万个，占家庭农场总数的55.2%；50～100亩的有18.98万个，占21.6%；100～500亩的有17.07万个，占19.5%；500～1 000亩的有1.58万个，占1.8%；1 000亩以上的有1.65万个，占1.9%。农业部称，2012年全国家庭农场经营总收入为1 620亿元，单个家庭农场的平均收入为18.47万元。

二、特征

（1）资金筹集能力强，能吸引城镇工商企业积累和居民储蓄投入农业开发。

（2）有适度的经营规模。

（3）产业选定和产品定位符合市场需求。

（4）生产产品的科技含量较高。

（5）采用新的生产经营方式，能组织和带动农民增收致富。

（6）产品的销售渠道较稳定，有一定的市场竞争力。这些大户在发展壮大之后有向企业发展的趋势，逐渐由传统的种养为主转向种养、加工、销售甚至研发全面发展。

（7）对个人经营管理能力要求较高。一个家庭到底能经营的土地规模多大适合，还取决于技术供给、服务社会化发展的程度，以及个人经营管理能力。在技术供给、服务社会化发展程度一定的条件下，个人经营管理能力越高，能够经营的生产规模就越大，而家庭用于管理开支却没有相应增加但产出却大大增加了，那么分摊在单位农产品上的费用也随之下降①。

三、优势

1. 家庭农场是对传统农户家庭经营组织改造与完善的结果

农户家庭经营对农业生产力的适应性很强，它既适应传统农业的需要，又适应现代农业的需要。但实践证明，传统农户家庭经营组织适应传统农业的需要，而不适应现代农业的需要，现代农业客观地要求传统农业家庭经营组织转变为现代农户家庭经营组织，即企业化的农场式家庭经营组织。因此，家庭农场是对传统农户家庭经营组织改造与完善的理想模式和必然结果。

2. 家庭农场是完善家庭承包经营的有效途径

家庭农场是在农业家庭承包经营基础上发展起来的，它保留了家庭承包经营的合理内核，继承了家庭承包经营产权激励的优点。建立家庭农场后，家庭农场主仍是所有者、劳动者和经营者的统一体，家庭整体利益这条经济杠杆仍能激发家庭成员的劳动积极性，几乎不存在劳动监督费用。同时，从家庭承包经营过渡到家庭农场也较为平稳，其核心主要是在稳定家庭经营的同时，通过多种方式，按经济补偿原则，将一部分土地向种田能手集中组建家庭农场，它并不像组建集体农场、股份制农场那样需要较高的组织成本和创新费用，其利益直接，易被广大农民接受，是完善家庭承包经营的有效途径。

3. 家庭农场有利于实现农业适度规模经营

国外发展农业规模经营的经验表明，在经济不发达、土地资源稀缺所展示出土地经营迅速增值的前景时，农民不愿意放弃土地。因此，发展农业规模经营的最佳时机，应该是农民已经从非农产业获得丰厚而稳

① 孙自铎，2001

定的收入，不再视土地为基本谋生手段，土地经营迅速增值的前景尚未显现之时。土地承包经营之后，出现了大量的农村剩余劳动力，这部分剩余劳动力逐渐向非农领域转化，出现了一部分农民因长期在外而无暇顾及其承包地，愿意将其承包地转让出去，从而使适度规模经营成为必然。因此，逐步建立和发展家庭农场，走规模化发展的道路将是我国农业发展的必然选择。家庭农场是一种适应适度规模经营的组织形式，它有利于实现农业机械化，大幅度地提高土地的利用率、投入产出率、劳动生产率和农产品商品率，提高农业生产的科技含量、有机构成和市场竞争力。

家庭农场和其他合作组织相比，具有更强的资源独占性，以家庭所有为基础的主要生产者占有几乎全部的生产资料和土地使用权，除去支付额外雇工的费用，所有的生产收益归农场所有，因此家庭农场在农村家庭中往往处于比较富裕的阶层（表5－4）。

表5－4　新型农业主体经营的主要类型及特征

实现路径	主要特征	适用的范围	适用的范围
龙头企业	通过市场机制实现种养规模化和农业产业化	种植业	农业产业化发展基础较好地区
专业大户	种养能手租用他人土地进行规模化种植养殖，主要依靠自身技术、资金等进行生产经营活动	粮食作物	分户进行农业生产比较效益较低，规模化经营的效益空间较大，能够使用现代化种养技术和设施的地区
家庭农场	既适应传统农业的需要，又适应现代农业的需要，对水土资源进行立体式、多层面开发，或实行多种经营综合利用，以取得更大的产出和附加值	高效农业	分户进行农业生产比较效益较低，规模化经营的效益空间较大
农民合作社	农户之间形成了紧密利益链条，有完善的制度体系和利益分配机制，组织既有丰富的传统种养经验的社员，又具备现代经营意识的社员	水果、蔬菜、乳业、肉类等特种种植；高效农业有大户或经济能人牵头，且相关产业已经形成了显著规模和良好的发展基础	所有

第六章　种植业发展方式转变对农民收入影响的实证测度[①]

第一节　种植业发展方式转变对农民收入影响的效率分析

一、模型的选择

目前，对我国农业发展效率的研究方法有参数方法和非参数方法。参数方法主要是随机前沿分析法。它最大的优点就是通过估计生产函数对经济主体的生产过程进行了描述，能够对技术效率的影响因素进行控制。计量经济学的发展为这种参数方法的应用奠定了理论和方法上的基础。但是，该方法也有不足之处：一是对于影响生产函数的随机因素和技术效率的决定因素，需要事先人为地设定一种分布结构，这不免带有很大的主观性。二是这种方法中使用的数据，不免受市场价格等社会经济因素的影响，需要繁复的处理过程。三是这种方法只能处理单产出的情形，无法处理多产出问题。四是由于技术进步本质上是对原有技术描述的推翻，参数方法不得不使用中性技术进步的假定作为变化前后生产函数形式上的纽带，这既会造成技术进步率测度的偏差，也无法体现生

① 本章节为宋莉莉博士后出站报告一部分工作

产前沿移动带来的生产资源配置效率变化和技术变化的一致性描述（孙巍，2000）。

非参数方法是以规划为基础的。其指导思想是利用对样本经济主体的投入产出的实际观测数据，构造凸锥或者凸集，最佳生产单位的生产行为点就分布在锥面或凸多面体的面上，形成生产的边界，其他的生产行为点分布在其内部。这种方法又形象的称为数据包络分析法（简称DEA）。通过利用距离函数比较各生产行为点与生产边界，就得到了技术效率（周曙东，2012）。

非参数方法（数据包络分析）具有估计技术上的优越性。其3个显著特点就是最优性、客观性以及适应性。一是最优性。DEA边界估计的效率是相对于pareto效率前沿的，而后者估计了最优绩效（murthi 1997）。这满足古典和新古典的利润最大化、收入最大化和成本最小化等厂商行为的目标准则。二是客观性。DEA方法可直接利用生产的统计数据，排除了市场价格因素的干扰。DEA的前沿面不仅适应参数的和非随机的，也适应非参数和随机的生产函数，因为它不对潜在技术设定任何事前的约束参数，即它是不需要任何生产函数形式来说明生产的边界，在避免主观因素和简化算法、减少误差等方面有着不可低估的优越性。DEA不要求技术效率符合任何假设分布。因此这种方法避免给前沿技术和可能造成效率测量的扭曲的非效率成分强加上无根据的事先构造（fare等1985，转引自Wadud. 2003）。三是适应性。DEA能够处理多投入多产出的复杂生产系统，而且由于它可以直接利用不同量纲的实际观测数据，因而极具可操作性。DEA不但能够估计确定边界生产函数，又能估计随机边界生产函数。在该方法下，可以发现松弛变量，做灵敏度分析，通过模型变换还可以做边际分析，这是参数方法所不及的。在这种分析框架下，可以分析规模效率、可变规模的技术效率、经济结构的效率等问题。

但是，数据包络分析也有一些局限性。一是它一般要求被考察的经济主体具有相同任务和目标以及相同的投入和产出。二是在估计过程中，异常观察值对估计结果有很大的影响。三是对于不同经济主体的特征和技术效率的决定结构难以控制。

通过对上述研究方法的比较，本书选用数据包络分析法（DEA）展开对我国种植业发展方式转变对农民收入影响效率问题的研究。

二、多阶段 DEA 模型

DEA 方法最早由 Charnes, Cooper and Rhodes 提出，它将数学、经济、管理的概念与方法结合，用以研究具有相同类型的部门或者单位间的相对有效性。同时也是处理多目标决策问题时在理论上非常完备的手段，更是经济理论中估计具有多个输入，特别是具有多个输出的“生产前沿面”的有力工具。DEA 的本质是利用统计数据（一组关于多投入、多产出的观察值）线性规划技术生产系统的效率前沿面，进而得到各决策单元的相对效率及规模效益等方面的信息。具体运用 DEA 方法进行相对效率评价的总体流程如图 6－1 所示。

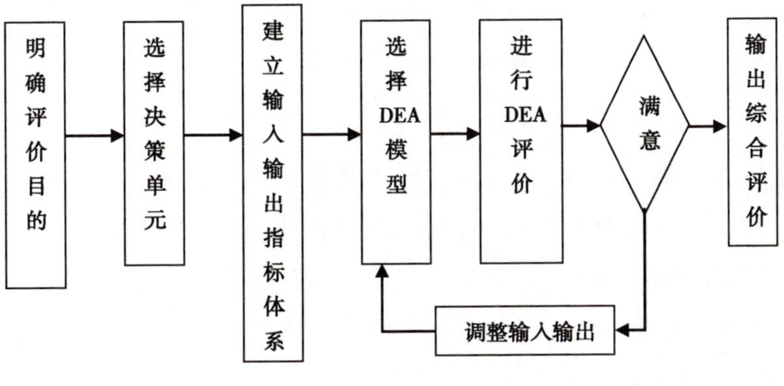

图 6－1　DEA 方法流程

DEA 模型在计算技术效率时根据是否排除规模效率的影响有两种具体模型，一种是假设规模报酬不变的 CRS（Constant Return to Scale）模型，该模型测得的效率值包含了规模效率和技术效率两部分；另一种是规模报酬可变的 VRS（Variable Return to Scale）模型，该模型测得的效率值排除了规模效率的影响，结果是纯技术效率。

A. Chames，W. W Cooper 和 E. Hodes（1978）提出的 DEA 模型是基于投入的，并假设规模报酬不变的评价决策单元相对有效性的 CRS 模型。该模型是最早提出并最先被广泛应用的，又称为 CCR 模型或 C^2R 模型。具体内容是：设有 n 个决策单元，每个单元都有 m 种“输入”（表示该决策单元对“资源”的耗费），以及 S 种“输出”（表示该决策单元在消耗“资源”后产生的“成效”），它们由图 6－2 给出（马晓春，2010）。

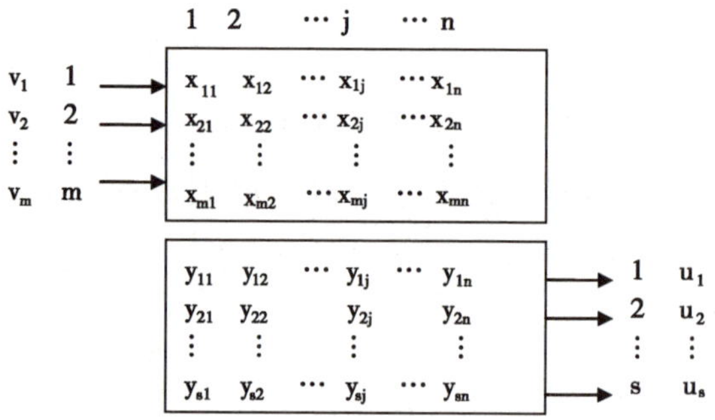

图 6－2　DEA 决策运行过程

其中，决策单元 j 记为 DMUj，1≤j≤n：

xij 为决策单元 DMUj 对第 i 种输入的投入量，xij＞0；

yrj 为决策单元 DMUj 对第 r 种输出的产出量，yrj＞0；

vi 为第 i 种输入的一种度量（或称“权”）；

ur 为第 r 种输出的一种度量（或称“权”），$i=1$，2…m；$j=1$，2…n；$r=1$，2…s。

在基于凸性、锥性、无效性和最小性公理假设的前提假设下，DEA 模型所具有的输出可能集合如下：

$$T = \left\{ (X,Y) \mid \sum_{j=1}^{J} \lambda_j X_j \leqslant X, \sum_{j=1}^{J} \lambda_j X_j \geqslant Y, \lambda_j \geqslant 0, j = 1,2\cdots J \right\} \quad (1)$$ [①]

以上述假设和可能集为基础，可以建立 DEA 基本模型，即为 C^2R 模型。该模型主要用于评价决策单元 DMU 的相对有效性，包括相对规模有效性和相对技术有效性，衡量其总体效率。对于某个选定的 DMU_{j0}，判断其有效性的 C^2R 模型的对偶可表示为：

$$\text{s.t.} \begin{cases} \min\theta \\ \sum_{j=1}^{J} \lambda_j X_j + S^- = \theta X_0 \\ \sum_{j=1}^{J} \lambda_j X_j - S^+ = Y_0 \\ \lambda_j \geqslant 0, \ j = 1, \ 2\cdots J \\ S^- \geqslant 0, \ S^+ \geqslant 0 \end{cases} \quad (2)$$

模型（2）是从“产出不变，投入最少”的角度建立的，其研究的是决策单元 DMU_{j0} 的输入有效性。

C^2R 模型中各变量的基本涵义如下：θ 为该决策单元 DMU_{j0} 的有效值（指投入相对于产出的有效利用程度），X_j 为 DMU_j 的投入要素集合，Y_j 为 DMU_j 的产出要素集合，λ_i 为相对于 DMU_{j0} 重新构造一个有效 DMU 组合中第 j 个决策单元 DMU_j 的组合比例，S^-，S^+ 为松弛变量，X_0、Y_0 分别表示 DMU_{j0} 的投入向量和产出向量。其经济涵义为：

（1）当 $\theta = 1$ 且 $S^- = S^+ = 0$ 时，则称 DMU_{j0} 为 DEA 有效。即在这 J 个决策单元组成的经济系统中，在原投入 X_0 的基础上所获得的产出 Y_0 已达到最优。

（2）当 $\theta = 1$ 且 $S^- \neq 0$ 或 $S^+ \neq 0$ 时，则称 DMU_{j0} 为弱 DEA 有效。即

① 理论模型参考：罗勇、曹丽莉．基于超效率模型的中国商业银行效率评价．金融论坛，2005（9）：17－21

在这 J 个决策单元组成的经济系统中，对于投入 X_0 可减少 S^- 而保持原产出 Y_0 不变，或在投入 X_0 不变的情况下可将产出提高 S^+。

（3）当 $\theta < 1$ 时，DMU_{j0} 为非 DEA 有效。根据最优解我们可以进一步判断决策单元 DMU_{j0} 的规模收益状况。设式（2）具有唯一最优解 λ^0、S^{-0}、S^{+0}、θ^0，可以证明：

当 $\dfrac{\sum_{j=1}^{n} \lambda_j^0}{\theta^0} = 1$ 时，DMU_{j0} 的规模收益不变；当 $\dfrac{\sum_{j=1}^{n} \lambda_j^0}{\theta^0} < 1$ 时，DMU_{j0} 为规模收益递增；当 $\dfrac{\sum_{j=1}^{n} \lambda_j^0}{\theta^0} > 1$ 时，DMUj0 为规模收益递减。

三、DEA 模型中指标的选取

对于 DEA 模型来讲最关键的是投入产出指标的选取。目前国内构建种植业发展方式转变指标体系测评种植业发展方式转变效率的文献较少。杨晶晶（2010）构建河北省经济发展方式转变的评价体系，利用 1996 年到 2008 年的相关数据，对河北省经济发展方式转变进行总体评价。沈露莹等（2010），构建了一套集既有指标和创新指标于一体的评价指标体系，并应用该指标体系对“十五”以来上海转变经济发展方式的成效进行了分析。谭杰、王象永（2010）构建种植业发展方式转变监测指标体系对山东省的种植业发展方式转变进行了研究。郭珍，曾福生（2011）构建种植业发展方式转变评价指标体系，并利用 1978—2009 年湖南省统计数据，用熵值法测评湖南省种植业发展方式转变的进程。蒋和平等（2012）构建了现代种植业发展水平评价指标体系，对我国和各地现代种植业发展态势及方向进行研究。本书将 1991—2011 年我国种植业发展方式转变效率作为决策单元（DMU），种植业发展方式转变效率评价的输入变量和输出变量定义如下（表 6－1）。

输入变量有资本、劳动、土地、种植业机械总动力和化肥施用量

（折纯量）5个指标，其中，资本投入量以全社会固定资产投资（农村）计算；劳动投入以第一产业就业人员数量计算；土地投入以农作物总播种面积计算；输出变量为农民人均纯收入1个指标。

表6－1　种植业发展方式转变效率评价指标体系

一级指标	二级指标	单位
输入变量	输入变量	输入变量
资本投入	全社会固定资产投资（农村）	亿元
劳动力投入	种植业就业人员数量	人
土地投入	农作物播种面积	千公顷
其他	种植业机械总动力	万千瓦时
	化肥施用量（折纯量）	万吨
输出变量	输出变量	输出变量
农民人均纯收入	农民人均纯收入	元

四、DEA模型中的数据来源

本书的数据来源于国家统计局发布的历年《中国统计年鉴》《中国农村统计年鉴》《中国种植业统计年鉴》《中国住户调查年鉴》《新中国种植业60年统计资料汇编》以及国家统计局国家统计数据库的相关统计数据。

五、DEA实证分析

以全社会固定资产投资（农村）、农作物播种面积、第一产业从业人员数量、种植业机械总动力以及化肥施用量为投入指标，以农民人均纯收入为产出指标，选择基于投入导向的DEA模型，运用DEAP软件测算1991—2011年我国种植业发展对农民收入的影响效率。

此外，应用DEA模型对具有多输入输出变量决策单元效率进行评价时，各投入变量与产出变量之间要求符合“同向性”假设和“自由度”的要求。其中“自由度”的要求为DMU数量必须大于等于投入产出指标数量之和的两倍。由于1991—2011年共21个决策单元，大于投入产出指标数之和的2倍［即2×（1+5）=12］。而“同向性”假设即决策单元的各个输出变量值增加时，产出变量值不得减少。为验证“同向性”假设常用的方法是采用Pearson相关性检验方法对其进行检验（吴旭晓，2012）。

运用该方法对上述投入变量和产出变量之间的相关性进行检验，在检验过程中发现第一产业从业人员数量与农民人均纯收入呈负相关关系，不满足DEA模型的“同向性”假设，故剔除该投入变量。最后选择的投入变量为全社会固定资产投资（农村）（x_1）、农作物播种面积（x_2）、种植业机械总动力（x_3）以及化肥施用量（x_4）4个投入指标，以农民纯收入（y）为产出指标，利用SPSS软件计算结果如表6－2、表6－3所示。由表6－3可以看出，投入变量与产出变量之间的相关系数均为正值，充分说明该投入产出指标的选取符合DEA模型所要求的“同向性”原则，具有可依性。

表6－2　各变量描述性统计特征

	观测值	最小值	最大值	平均值	标准差
Y	21	708.60	6 977.29	2 859.42	1 698.93
X_1	21	1 536.54	36 690.97	11 007.59	9 567.40
X_2	21	147 740.70	162 283.22	154 020.50	3 884.14
X_3	21	29 388.60	97 734.66	57 333.42	21 438.78
X_4	21	2 805.10	5 704.24	4 300.68	847.86

表6－3　1991—2011年我国种植业发展投入与产出变量相关系数矩阵

	Y	X_1	X_2	X_3	X_4
Y	1.000	0.784	0.844	0.974	0.954
X_1	0.784	1.000	0.600	0.826	0.806

（续表）

	Y	X_1	X_2	X_3	X_4
X_2	0.844	0.600	1.000	0.813	0.832
X_3	0.974	0.826	0.813	1.000	0.979
X_4	0.954	0.806	0.832	0.979	1.000

本书利用 DEAP2.1 软件计算出 1991—2011 年我国种植业发展效率值，结果如表 6－4 所示。

表 6－4　1991—2011 年我国种植业发展方式转变效率评价表

决策单元序号	年份	综合效率	纯技术效率	规模效率	规模报酬	是否冗余	是否DEA有效	是否技术有效	效率改进的参照点			参照次数
1	1991	0.601	1.000	0.601	irs	否	否	是	—	—	—	1
2	1992	0.511	0.999	0.511	irs	是	否	否	1	3	—	0
3	1993	0.434	1.000	0.434	irs	否	否	是	—	—	—	1
4	1994	0.506	1.000	0.506	irs	否	否	是	—	—	—	9
5	1995	0.612	1.000	0.612	irs	否	否	是	—	—	—	2
6	1996	0.700	1.000	0.700	irs	否	否	是	—	—	—	1
7	1997	0.697	0.985	0.707	irs	是	否	否	6	5	21	0
8	1998	0.670	0.968	0.692	irs	是	否	否	4	5	21	0
9	1999	0.632	0.962	0.657	irs	是	否	否	4	21	16	0
10	2000	0.600	0.962	0.624	irs	是	否	否	21	4	16	0
11	2001	0.601	0.967	0.621	irs	是	否	否	21	4	16	0
12	2002	0.599	0.975	0.614	irs	是	否	否	21	4	16	0
13	2003	0.608	0.990	0.615	irs	是	否	否	21	4	16	0
14	2004	0.642	0.986	0.652	irs	是	否	否	21	4	16	0
15	2005	0.667	0.977	0.683	irs	是	否	否	21	4	16	0
16	2006	0.693	1.000	0.693	irs	否	否	是	—	—	—	7
17	2007	0.757	1.000	0.757	irs	否	否	是	—	—	—	3

（续表）

决策单元序号	年份	综合效率	纯技术效率	规模效率	规模报酬	是否冗余	是否DEA有效	是否技术有效	效率改进的参照点			参照次数
18	2008	0.811	0.995	0.815	irs	是	否	否	4	21	17	0
19	2009	0.825	0.987	0.836	irs	是	否	否	21	17	—	0
20	2010	0.894	0.990	0.903	irs	是	否	否	17	21	—	0
21	2011	1.000	1.000	1.000	—	否	是	是	—	—	—	12
总体平均值		0.669	0.988	0.678	—							

数据来源：DEAP运行结果整理所得

1. 技术效率分析

1991—2011年的21年中只有2011年综合效率为1，处于DEA有效状态，即技术效率和规模效率都达到了最优的要素配置阶段，我国种植业生产处于高效生产状态，要素配置效率比较合理，投入产出相对平衡，有效促进了农民收入的增长。

1991年、1993—1996年、2006—2007年，技术效率值为1，且无投入或产出松弛量（S－或S＋均为0），说明这7年间我国种植业生产处于技术有效状态，生产点处于生产前沿上。

以上8个决策单元可以作为其他单元的效率改进的参照点，如果某一决策单元作为参照单元的次数多，说明该决策单元的投入与产出比较具有一般性，容易进行推广；反之，说明该决策单元的投入产出具有特殊性，其他决策单元难以效仿（周曙东，2012）。由表6－4可见，1991年、1993—1996年、2006—2007年和2011年作为参照单元的次数分别为1、1、9、2、1、7、3、12，其中，2011年、1994年以及2006年分别为12次、9次、7次，说明这三年的种植业投入和产出比较据有一般性，容易推广。

其他13个年份与最优年份相比则处于技术无效状态，且投入存在相当程度的投入冗余（S＋或S－不为0），说明样本点的投入结构不合理，没有取得最大的产出效果，种植业生产处于生产前沿以内。

1991—2011 年，我国种植业发展综合效率值呈现“N”形波动（即：先降后升，再降再升），充分反映出近年来我国种植业的产出能力正在波动中逐步加强，种植业发展开始由粗放向集约的方式转变。1993 年种植业发展的综合效率值为 0.434，为 21 年间最低值，1996 年达到一个相对高点，效率值为 0.700；从 1997 年开始效率值不断下降，2002 年下降至 0.599；从 2003 年开始持续上升，2011 年达到 1.000。1991—2011 年，我国种植业发展综合效率的均值为 0.669，离有效前沿面有 33.1% 距离。说明这段时期内我国种植业发展没有有效促进农民收入的增长。在纯技术效率方面，1991—2011 年间我国各年的效率值大多在 0.9 以上，21 年的均值为 0.988，尚有 1.2% 的提升空间。

2. 规模效率分析

1991—2011 年，我国种植业发展规模效率值同样呈现出“N”形波动，与种植业综合效率的变化趋势有着高度的同步性，（如图 6 - 3 所示）。1993 年种植业发展的规模效率值为 0.434，为 21 年间最低值，1996 年达到一个相对高点，效率值为 0.700；从 1997 年开始效率值不断下降，2002 年下降至 0.614；从 2003 年开始效率值不断上升，2011 年达到 1.000。1991—2011 年我国种植业发展规模效率的均值为 0.678，离有效前沿面有 32.2% 距离，这说明我国种植业生产的投入产出并没有达到最佳规模，即投入产出无法等比例增加。

从时间序列来看，1991—2011 各年份的纯技术效率波动性变化不大，大多数年份在 0.9 以上，均值为 0.988。但我国种植业发展的规模效率值较低，可提升的空间较大。由此可知，相对于技术效率，规模效率是导致我国种植业发展效率不高的主要原因。这说明我国种植业发展方式转变对农民增收的影响主要由规模效率决定。而我国分散的小农生产很可能是导致规模无效的最直接原因。因此，进一步加大土地流转的力度，鼓励和扶持以专业大户、家庭农场和农民专业合作社为主的新型种植业经营主体提高规模效率是增加农民收入的重要手段。

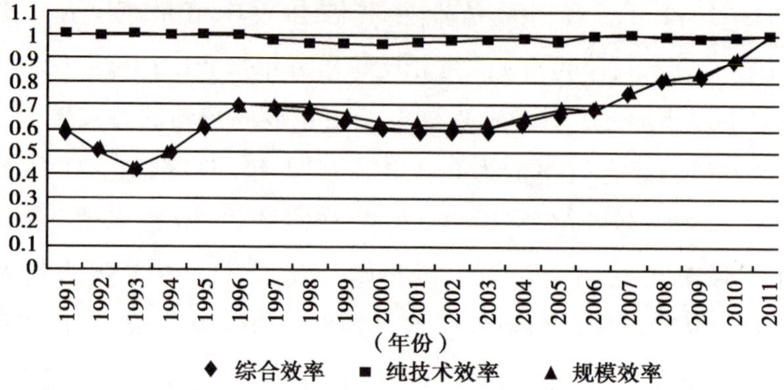

图 6－3　1991—2011 年我国种植业发展对农民增收效率趋势

3. 投入冗余及效率改进方案分析

1991—2011 年，我国对种植业生产投入产出存在不同程度的冗余。21 年间，达到 DEA 有效的仅 2011 年 1 年，达到技术有效的也仅有 7 年，其余的 13 个年均为技术无效，投入没有被当年的产出所体现。根据 DEAP 相关运行结果分析技术无效决策单元的投入冗余情况，进一步分析效率改进的方案，如表 6－5 所示。

从各年的径向调整值来看，技术效率越低的年份，调整越大，说明各种投入要素需要同比例缩减的数量越多。技术无效率的年份中其技术效率都在 0.9 以上，说明虽然这些年我国种植业发展处于技术无效率状态，但各要素投入冗余情况并不严重，投入冗余量最多的年份是 1999 年和 2000 年，其技术效率均为 0.962。

从各年的横向调整值来看，在技术无效的年份中各年都存在投入结构不合理的问题。其中，2009 年与 2010 年由 3 种要素投入过多，其余年份有两种要素投入过多。从调整比例来看，2010 年投入结构不合理问题最为突出，其次是 2009 年，这两年的化肥施用量应分别缩减的比例达到 63.231% 和 46.538%；与此同时，2009 年的全社会固定资产投资还需缩减 2.576%；2008 年的投入结构不合理问题也较为突出，化肥施用量需要缩减 29.316%；2001 年和 2002 年全社会固定资产投资（农村）和种植业机械总动力投入均过多，需要缩减的比例分别为7.501%、4.355%和8.974%、4.923%。

从各年的总投入冗余情况来看，2010年、2009年和2008年的要素投入冗余情况最为严重，化肥施用量分别需要缩减64.278%、47.799%和29.821%；2002年各要素投入冗余情况也较为严重，其中，全社会固定资产投资（农村）投入冗余最多，需要缩减11.473%，其他3种要素投入需缩减2.500%、7.423%、和2.500%。

从各投入要素13年调整的平均值来看，我国种植业发展过程中化肥施用量大量过剩，平均每年应该缩减14.983%，其次是全社会固定资产投资（农村），平均每年应缩减5.422%，种植业机械总动力和农作物播种面积平均每年应缩减4.539%和1.977%。

表6-5　技术无效决策单元的效率改进方案

决策单元序号	年　份	指　标	X_1	X_2	X_3	X_4	产出不足值Y	技术效率
2	1992	径向调整值	-15.997	-78.648	-1.547	-1.056	0.485	0.999
		横向调整值	-38.786	0	0	-23.728		
		横向调整比例（%）	0.128	0	0	1.186		
		总调整比例（%）	0.002	0.001	0.001	0.012		
7	1997	径向调整值	-623.019	-2 283.097	-59.027	-85.217	0	0.985
		横向调整值	0	0	-91.402	-592.019		
		横向调整比例（%）	0	0	2.296	10.302		
		总调整比例（%）	1.483	1.483	3.779	11.784		
8	1998	径向调整值	-1 435.63	-4 944.641	-129.683	-187.832	0	0.968
		横向调整值	0	0	-208.583	-1154.06		
		横向调整比例（%）	0	0	5.108	19.511		
		总调整比例（%）	3.176	3.176	8.283	22.687		
9	1999	径向调整值	-1 868.554	-5 963.554	-157.288	-233.5	0	0.962
		横向调整值	-703.246	0	-156.397	0		
		横向调整比例（%）	1.435	0	3.792	0		
		总调整比例（%）	5.249	3.814	7.606	3.814		

（续表）

决策单元序号	年份	指标	X_1	X_2	X_3	X_4	产出不足值 Y	技术效率
10	2000	径向调整值	-1 975.73	-5 873.789	-155.823	-251.634	0	0.962
		横向调整值	-3 105.08	0	-132.27	0		
		横向调整比例（%）	5.906	0	3.19	0		
		总调整比例（%）	9.664	3.758	6.948	3.758		
11	2001	径向调整值	-1 799.636	-5 078.972	-138.752	-235.255	0	0.967
		横向调整值	-4 138.328	0	-185.263	0		
		横向调整比例（%）	7.501	0	4.355	0		
		总调整比例（%）	10.763	3.262	7.617	3.262		
12	2002	径向调整值	-1 448.103	-3 865.506	-108.474	-200.258	0	0.975
		横向调整值	-5 198.355	0	-213.618	0		
		横向调整比例（%）	8.974	0	4.923	0		
		总调整比例（%）	11.473	2.5	7.423	2.5		
13	2003	径向调整值	-626.009	-1 580.041	-45.733	-101.126	0	0.99
		横向调整值	-4 894.604	0	-188.962	0		
		横向调整比例（%）	8.105	0	4.283	0		
		总调整比例（%）	9.142	1.037	5.32	1.037		
14	2004	径向调整值	-908.902	-2 179.741	-65.818	-162.527	0	0.986
		横向调整值	-3 237.122	0	-186.486	0		
		横向调整比例（%）	5.056	0	4.022	0		
		总调整比例（%）	6.475	1.42	5.442	1.42		
15	2005	径向调整值	-1 601.779	-3 641.299	-111.618	-320.331	0	0.977
		横向调整值	-1 351.363	0	-35.902	0		
		横向调整比例（%）	1.976	0	0.753	0		
		总调整比例（%）	4.318	2.342	3.095	2.342		
18	2008	径向调整值	-415.313	-789.619	-26.473	-121.729	0	0.995
		横向调整值	-1 021.716	0	0	-7 062.29		
		横向调整比例（%）	1.243	0	0	29.316		
		总调整比例（%）	1.748	0.505	0.505	29.821		
19	2009	径向调整值	-1 103.835	-2 001.039	-68.181	-387.033	0	0.987
		横向调整值	-2 253.679	0	-15.464	-14 277.025		
		横向调整比例（%）	2.576	0	0.286	46.538		
		总调整比例（%）	3.837	1.262	1.548	47.799		

（续表）

决策单元序号	年份	指标	X_1	X_2	X_3	X_4	产出不足值Y	技术效率
20	2010	径向调整值	-971.003	-1 681.558	-58.206	-383.993	0	0.99
		横向调整值	-1 962.834	0	-21.72	-23 200.092		
		横向调整比例（%）	2.116	0	0.391	63.231		
		总调整比例（%）	3.162	1.047	1.437	64.278		
平均值		径向调整值	-1 137.962	-3 073.962	-86.663	-205.499		
		横向调整值	-2 146.547	0	-110.467	-3 562.247		
		横向调整比例（%）	3.463	0	2.569	13.083		
		总调整比例（%）	5.422	1.977	4.539	14.983		

数据来源：根据DEAP运行结果整理计算所得

从上述投入冗余分析中可以看出，我国种植业生产的各投入要素中，化肥投入过剩的现象最为严重，不仅造成了生产资料的巨大浪费，而且已经成为种植业污染的最主要原因，严重影响了种植业生态环境，并对种植业发展效率产生了消极的影响。化肥施用量过多的主要原因首先是人口的不断增加以及工业化、城镇化的不断发展对粮食的需求量大大增加；其次是目前的种植业生产很难通过技术进步减少化肥使用的同时增加粮食产量；再次是使用化肥简单而且见效迅速，刺激农民过量使用化肥。此外，全社会固定资产投资（农村）过剩的现象也较为严重，不仅造成了资源的浪费同时也导致了种植业和农村投资效率的低下。最后，种植业机械总动力和农作物播种面积也存在一定的过剩。目前，我国种植业生产的规模化程度较低，影响了二者的利用率。

第二节　种植业发展效率影响因素分析

在规模报酬可变的条件下，本书基于投入导向的DEA模型测算了1991—2011年我国种植业发展对农民收入影响的效率。针对种植业发展效率偏低的研究结果，本书在第二阶段对于我国种植业发展方式效率的影响因素将进一步进行系统分析。根据相关文献资料以及本书的研究目的拟将各个决策单元的效率值作为因变量，种植业发展效率的影响因素作为自变量，通过回归模型来实证考察二者之间的关系。

一、Tobit 模型

Tobit 模型由 Tobin（1958）提出，然后由经济学家 Goldberger（1964）首次采用。它能够解决受限或截断因变量的模型构建问题，该模型属于一种因变量受限的回归模型。Tobit 回归模型为：

$$Y = \begin{cases} Y_* = \alpha + \beta X + \mu, Y_* > 0 \\ 0, Y_* \leqslant 0 \end{cases}$$

式中 Y 为截断因变量向量；X 为自变量向量；α 为截距项向量；β 为回归参数向量；扰动项 $\mu \sim N(0, \sigma^2)$。如果要分析的数据具有这样的特点：因变量的数值是切割或截断的情况时，运用普通最小二乘法（OLS）就不再使用于回归系数的估计，这时遵循最大似然估计法（ML）概念的 Tobit 模型就成为估计这类数据回归系数的一个较好的选择。由于前面由 DEA 模型测算出来的种植业发展效率值均处于 0 与 1 之间，最大值为 1，具有被切割或截断的特点，如果采用最小二乘估计法来估计，可能由于无法完全地呈现数据而导致估计出现偏差。因此，本书将采用 Tobit 回归模型来实证分析种植业发展效率的影响因素。

二、理论假设

种植业发展方式转变对农民收入影响效率的高低与种植业自身的投入因素以及外部环境因素的影响有关。在外部因素中，比较重要的因素是工业化、城镇化水平以及政府财政支农支出水平，在工业化、城镇化水平较低的情况下，种植业土地资源与劳动力资源的比例严重失调，加之农民非农就业机会较少，种植业发展效率低下，农民收入不可能很高。随着工业化、城镇化进程的推进，农村大量富余劳动力转移到非农产业，使得农民的工资性收入不断提高，同时农村的资源配置得到不断优化。而且通过工业发展带动种植业科技进步并投入到种植业发展中去改变了种植业发展方式，由粗放型向集约型转变，实现了种植业发展效率的提升进而有效促进了农民收入的增加。据此分析，我们对我国种植业发展方式转变对农民收入影响效率的影响因素做出以下理论假设。

假设一，工业化率（IR）和城镇化率（UR）水平的提高将使农民收入增加。

本书采用工业产值占 GDP 的比重作为衡量工业化率的指标；城镇化率为城镇人口占总人口的比重来计算。

假设二，财政支农支出（Gov）的增加将使农民收入增加。

西方经济发达国家种植业转型的成功经验表明，有效的财政支农支出是传统种植业向现代种植业转变的必备条件。种植业作为弱质产业只有在工业化中积累了雄厚财政实力，并将财政支农支出比例不断加大，以维持种植业高补贴，实施种植业保护政策，才能够逐步实现种植业发展方式的转变和农民收入的增加（吴旭晓，2012）。

假设三，经营规模（Sca）的扩大将使得农民收入增加。

我国种植业发展需要解决的是家庭承包体制下的分散的小规模经营导致的种植业效益低下与农民增收的矛盾。这种种植业生产经营方式要进一步发展其作用，需要相应地扩大农户家庭土地的经营规模。本书将农户家庭户均经营耕地面积（农户家庭户均经营耕地面积 = 农户家庭人均经营耕地面积 × 户均常住人口数）作为经营规模的衡量指标。

假设四，农民受教育程度（Edu）越高收入增长越快。

一般来讲，农民收入的增长与其受教育程度呈正相关关系。本书用农户家庭劳动力中初中以上教育程度的比例为衡量指标。

假设五，农业科技投入（Sci）的增加将使农民收入增加。

关于科技投入的衡量，国外文献通常采用的指标包括从事研究的科研人员数量和工程师数量以及专利申请的数量等，没有统一的指标来衡量（胡根华等，2012）。本书选取国有企事业单位农业技术人员的数量作为衡量科技投入的指标。

假设六，第一产业就业人员（Emp）的增加将使得农民收入减少，二者呈负相关关系。

本书将第一产业就业人员（年底数）作为其衡量指标。

三、Tobit模型中数据的来源

本书的样本区间为1991—2011年，数据来源为官方发布的历年《中国统计年鉴》《中国农村统计年鉴》以及《中国科技统计年鉴》的相关统计数据。

四、Tobit模型实证分析

根据上面对种植业发展效率影响因素的理论假设，我们设计的Tobit回归模型如下。

$$Efficiency_i = \beta_1 + \beta_2 IR + \beta_3 UR + \beta_4 \log(Gov) + \beta_5 Sca + \beta_6 Edu + \beta_7 \log(Sci) + \beta_8 \log(Emp) + \mu_i,\ i = 1, 2, \cdots, n$$

其中，β1表示回归式的常数项；β_2至β_8表示各自变量的回归系数；i表示第i年；μ_i表示回归式的误差项；$Efficiency_i$是因变量，代表第i年种植业发展对农民收入影响的综合技术效率值。本书采用Eviews 5.0软件进行Tobit回归，结果如表6－6所示。

从研究结果发现，农业科技投入和城镇化率的提高对农民增收有显著的正影响，而第一产业就业人员的数量对农民增收有显著的负影响。农户家庭的经营规模虽未通过显著性检验，但从其系数可以看出，经营规模与农民收入呈正相关关系。这与上述假设一致，并与前人的研究成果有相似之处（吴敬琏，2002；吴向伟，2008等）。同时从研究结果中还发现工业化率、财政支农支出以及农户家庭劳动力受教育程度对农民收入的影响与预期的假设不一致，符号为负值，这与许多学者的研究结论不相同。工业化率的提升、财政支农支出的增加以及农户家庭劳动力受教育程度的提高对农民发展效率以及农民增收有着重要的影响（张晓山，2003）。本书的研究结果并非认为这三方面对农民收入的增加无实际意义，而是证明了工业化、财政支农支出以及农户家庭劳动力受教育程度对种植业发展效率和农民增收的影响有待进一步加强。

表 6－6　Tobit 模型参数估计

变　量	系　数	标准误差	Z　值	P　值
C	9.592 720	9.540 628	1.005 460	0.314 7
Sca	0.039 621	0.046 761	0.847 313	0.396 8
Edu	-1.435 782	1.233 712	-1.163 790	0.244 5
Sci	3.153 591	1.079 358	2.921 727	0.003 5
Emp	-5.236 247	1.274 014	-4.110 040	0.000 0
Gov	-0.697 175	0.289 178	-2.410 884	0.015 9
UR	2.321 149	1.377 520	1.685 020	0.092 0
IR	-4.049 595	1.173 094	-3.45 2064	0.000 6
R^2	0.936 753			
调整后的 R^2	0.894 588			

数据来源：Eviews 5.0 运行结果整理所得

工业化方面：工业化的过程就是工业化产值占 GDP 的比重越来越大，这也就意味着种植业的产值会被压缩，同时第一产业的就业人员会慢慢转移到工业，转移到城镇，这是一个很自然的过程，可是我国不是这样。这是因为我国的工业化是在阻断城乡各种要素自由流动下实现的（白南生等，2008）。我国城乡二元经济分割制度和城市就业保护制度的存在，使得我国就业结构转换严重滞后。从 1952 年到 1980 年我国的工业化水平大概从 18% 增长到 44%，也就是说在不到 30 年的时间里我国的工业化水平增长了 26 个百分点，占到整个 GDP 的 44%，这是一个很大数字，从全世界来看都是一个相当高的水平了。可是我们工业领域就业率并不高。1980 年相对于这 44% 产值来说，我国在工业领域里的就业人员只占到了全部就业人员的 18.2%。此时，我国种植业产值占

GDP的比重为30%，而第一产业的就业人员占到了全部就业人员的69%。1980—1990年我国的工业化率不断下降，之后虽然有波动性的回升，在2011年达到了39.9%。2011年工业领域的就业率为29.5%（图6-4）。工业领域的就业比重相对于工业产值占GDP的比重来讲较低，二者之间的偏离情况虽在缩小但偏离度仍然较大。相对于较高的工业化率来讲，我国工业产业吸纳劳动力明显不足，这可能是造成工业化对种植业发展效率和农民增收影响结果出现偏差的主要原因。

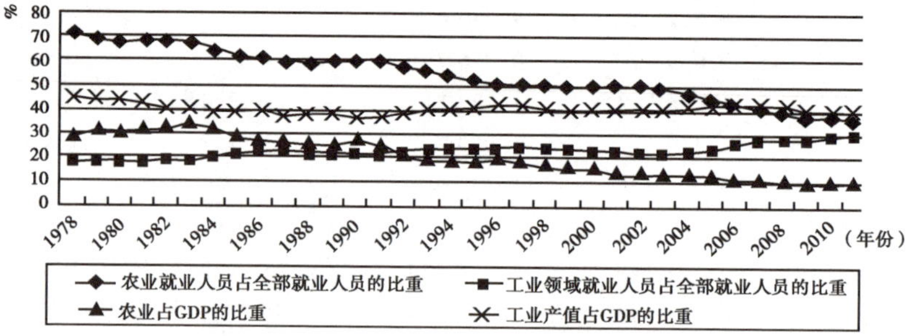

图6-4 1978—2011年我国农业、工业产值比重与就业比重变化情况

财政支农方面：1991年我国财政支农资金347.6亿元，到2011年上升为10 497.7亿元，在数量上呈现出较大幅度的增长（图6-5），但农业财政支出占国家财政总支出的比例不仅远低于农业产值在国内生产总值中所占的比例，还低于农村地区上缴税收在国家总税收中的比例（沈坤荣，2007）。而更为重要的是，改革开放后我国财政农业投入性支持的相对规模以及投入性支持净额的相对规模效率也呈动态下降趋势（沈淑霞等，2004）。并且，各年份之间资金增长幅度波动性也较大。这在一定程度上反映出我国财政支农支出的不稳定性。另外，我国的支农资金支出结构比例也不尽合理，过多支农资金的无效使用进一步分流了资金供给。据国家发改委农经司课题组在2003年的调研显示，我国对农村的资金投入有80%～90%都用于种植业生产外部设施的建设以及生态环境的改善，而对于能够起到立竿见影效果的一些中小型基础设施建设却只占到投入的10%左右（王睿，2010）。此外，中国人民大学农业与农村发展学院《农业投资管理体制改革研究》课题组利用国家统计局及农业部所公布的相关年鉴资料分别对中央及地方财政农业投资的效率进行了匡算。结果显示，2006年我国中央财政农业投资的效率仅为51.6%地方财政农业投资的效率也仅为52.1%，分别比2001年下降了1.2%和1.6%。"十五"和"十一五"前两年中央和地方财政农业投资效率平均仅为52.7%，远低于发达国家平均83%的效率水平（朱信凯、马九杰，2008）。部分财政支农项目繁杂、投入分散、管理混乱，严重影响了我国财政支农投资的效率及效果，可能是本书所的结果的主要原因。

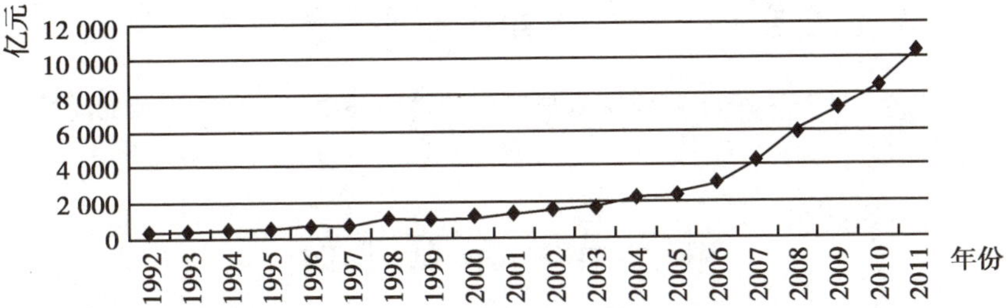

图6-5 1991—2011年我国财政支农资金情况

农户家庭劳动力受教育水平方面：改革开放以来我国农村劳动力的受教育程度虽有所提高，但水平还相对较低。据统计数据显示，1991年我国农村劳动力中初中及以上劳动力的比重为43.35%，2011年该比重上升为68.10%（图6-6），尽管我国农村劳动力受教育程度有了长足的发展，但与发达国家相比差距依然较大。荷兰90%以上的农民受过中等教育，12%受过高等种植业院校的教育；法国的青年农民中60%受过中专教育；德国7%的农民受过大学教育；日本74.8%的农民受过中等教育（张燕，2007）。由于我国农村劳动力受教育程度普遍较低，缺乏劳动技能，农民获得的非农就业机会大多数是简单的体力劳动，工资水平非常低。另外，随着我国工业化和城镇化建设的不断推进，农村大量青壮年劳动力也是农村受教育水平相对较高的劳动力外出务工，滞留在农村的劳动力多数是老人和妇女。这些劳动力的文化程度相对更低，且生产手段落后、经营管理粗放、生产与科技相脱节等现象普遍存在，直接影响种植业发展效率和农民收入的增长。

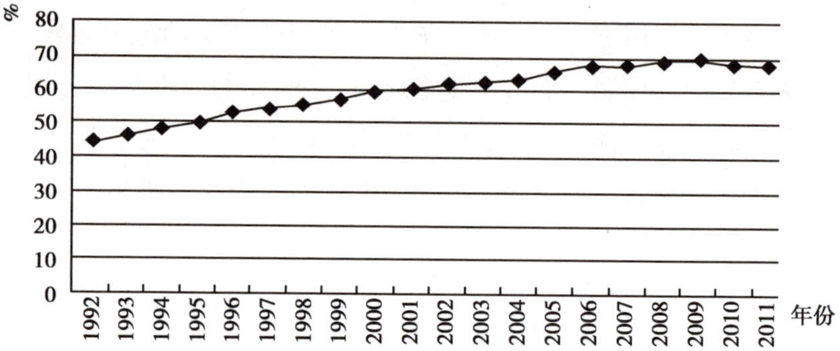

图 6－6　1991—2011 年我国农户家庭劳动力初中以上文化程度的比重

第三节　本章小结

本章首先利用多阶段 DEA 模型分析了 1991—2011 年我国种植业发展方式对农民收入的影响效率。研究发现如下。

（1）我国种植业发展对农民收入影响的综合效率较低，21 年中只有 2011 年综合效率值达到 1，为 DEA 有效；1991 年、1993—1996 年、2006—2007 年 7 年的纯技术效率值为 1，且无投入或产出松弛量（S－或 S＋均为 0），种植业生产处于技术有效状态，生产点处于生产前沿上。其余 13 个年份综合效率、纯技术效率以及规模效率均小于 1，为技术无效年份。1991—2011 年，我国种植业发展对农民收入影响的综合效率的平均值为 0.669，离有效前沿面有 33.1% 距离。说明我国种植业发展没有有效促进农民收入的增长。在纯技术效率方面，我国从 1991—2011 年间各年的效率值大多在 0.9 以上，21 年的均值为 0.988，尚有

1.2%的提升空间。

（2）1991—2011年，我国种植业发展规模效率的均值为0.678，离有效前沿面有32.2%距离，说明我国种植业生产的投入产出并没有达到最佳规模，也就是投入产出无法等比例增加。而且从时间序列来看，1991—2011年我国种植业生产规模效率值的变化趋势与种植业综合效率的变化趋势有着高度的同步性。由于各年份的纯技术效率波动性变化不大，而我国种植业发展的规模效率值较低，由此可知，相对于技术效率，规模效率偏低可能是导致我国种植业发展效率不高的主要原因。

（3）1991—2011年我国对种植业生产投入产出存在不同程度的冗余。首先，其中，化肥施用量冗余的现象最为严重，对种植业发展效率产生了消极的影响。其次，全社会固定资产投资（农村）冗余的现象也较为严重，不仅造成了资源的浪费同时也导致了种植业和农村投资效率的低下。最后，种植业机械总动力和农作物播种面积也存在一定的投入冗余。目前我国种植业生产的规模化程度较低，影响了二者的利用率。因此，种植业机械总动力和农作物播种面积并不是真正的投入过剩，关键是要不断提高种植业生产的规模化程度。首先，从各投入要素13年的投入冗余调整的平均值来看，我国种植业发展过程中化肥施用量平均每年应该缩减14.983%。其次，是全社会固定资产投资（农村），平均每年应缩减5.422%，种植业机械总动力和农作物播种面积平均每年应缩减4.539%和1.977%。

在DEA模型分析的基础上，本章又利用Tobit模型对我国种植业发展对农民收入影响效率的影响因素进行了进一步的定量分析。研究发现。

（1）农业科技投入和城镇化率的提高对农民增收有显著正影响，而第一产业就业人员的数量对农民增收有显著负影响。农户家庭的经营规模虽未通过显著性检验，但从其系数可以看出，经营规模与农民收入呈正相关关系。

（2）工业化率、财政支农支出以及农户家庭劳动力受教育程度对农民收入的影响与预期的假设不一致，符号为负值，这一研究结果并非认为这三方面对农民收入的增加无实际意义，而是证明了工业化、财政支农支出以及农户家庭劳动力受教育程度对种植业发展效率和农民增收的影响有待进一步加强。其中，工业产业吸纳劳动力不足，财政支农支出结构偏差和投资总额不足以及农户家庭劳动力受教育水平较低等因素是造成研究结果的主要原因。

第七章 发达国家促进种植业发展和农民增收的经验及启示

农业是人类赖以生存的基础，世界各国都很重视农业发展，尤其是种植业的发展，同时也很重视农民收入问题，并且在实践中注意二者的紧密联系。美国、欧盟以及日本等发达国家农业生产率较高，科技推广率和农业收益率也高，在这种情况下，他们仍然十分重视种植业生产和农民收入的增长，并制定具体的种植业发展和农民增收的政策。相比之下，我国是个农业大国，农业人口占主导，而我国农业现代化进程与欧美日等国家相比还有较大差距，如何促进种植业发展，提高农民收入是当前我国经济发展的一项重大课题。因此，美国、欧盟、日本等发达国家促进种植业发展，提高农民收入的做法对我国具有重要的启示。

第一节 发达国家促进种植业发展和农民增收的主要做法

一、美国

美国是当今世界农业最为发达的国家，根据2010年的数据，美国共有204万个农场，其平均规模为193.4公顷；农业劳动力有200多万人，占全国劳动力总数的1.5%左右。这些农场生产出来的农产品，占到世界总量的20%。平均美国一个农业人口所生产的农产品可以养活

100 人以上。

目前，美国采取的稳定并促进农业生产和农场主增收的做法主要体现在以下几方面。

1.《宅地法》以及《农业贷款法》等相关法律催生并鼓励了农业生产规模的扩大

1862 年 5 月美国总统林肯颁布了《宅地法》，由此催生了为数众多的家庭农场。美国内战以及“西进”运动之后建立的为数众多的家庭农场，还只是一种小农经济。据统计，直到 1900 年，美国土地面积在 20 ~ 174 英亩①之间的农场主占到了全国农户总数的 69.7%②。如果以《宅地法》中提出的 160 英亩土地作为“小农”的标准，那么 19 世纪末与 20 世纪初之交的美国仍然是一个以小农经济为主要的农业经营形式的国家（邵培杰，2009）。

1916 年美国通过了历史上第一个《农业贷款法》，以鼓励农业生产者扩大生产规模。在美国发达的金融、工商业资本的共同作用下，到 20 世纪初期美国农业已经实现了完全的资本主义市场化，全国形成了统一的农产品市场，使用雇佣工人的家庭私人农场占到了全部农户的 46%，而 17.2% 的大农场产值却占到了全国的 52.3%（张星光，2008）。

完善的法律以及农业信贷支持政策不但保证了美国农业的可持续发展，同时也保障了美国农业生产者收入的稳定增长。

2. 专业化细致的分工，优化支持种植业生产

美国农业专业化分工非常细致，产业链的专业化程度非常高。围绕农场主的工作，美国农业的社会分工已经极度细化。种什么，有专业的协会和科技人员给出建议；拿到当季种植物的可行性报告，农场主就可以向银行申请贷款；从播种季开始，选种、翻耕、播种、施肥、灌溉等

① 1 公顷 = 2.4711 英亩，全书同

② 美国人口调查局：《人口调查报告：1900 年第 12 次人口调查》第 5 卷，美国联邦调查局，1902，第 248 页

阶段性工作，全部可以交给专业的公司去完成。

3. 美国政府实施的多种形式的农业补贴及农产品价格保护保障了农场主可以获得基本收益，保障了农业生产的稳定发展

1933 年，美国的《农业调整法》规定通过实施农产品最低收购价来对农产品实行市场价格支持，以保障农业生产者的利益不受农产品价格的波动而遭受损失。之后，为了履行乌拉圭回合农业协议的承诺，1996 年美国的《联邦农业改进和改革法》通过以历史产量为基础对农业生产者实行直接支付来代替市场价格支持政策，同时采取灵活的种植计划政策（生产灵活性合同补贴）。经历了 7 年的过渡，美国政府于 2002 年颁布了《农业安全和农村投资法》，提出用与农产品生产和价格不挂钩的直接支付政策和反周期支付政策来取代生产灵活性合同补贴。

直接支付政策与农产品的生产和价格不挂钩，是指政府对参与该计划的农业生产者进行直接支付。直接支付额的大小取决于作物的合同面积、单位面积产量以及该种作物的补贴率。具体的计算公式为：直接支付补贴额 = 作物的合同面积 × 单位面积产量的 83.3% × 补贴率。2008 年美国的新农业法对享受直接支付的作物、合同面积、单位产量以及补贴率都有明确的规定：享受直接支付的作物品种有小麦、大豆、玉米、大麦、高粱、燕麦、陆地棉、大米（长生长周期）、其他油料作物和花生；合同面积为农业生产者与政府签订的可享受直接补贴的面积；单位面积产量是以 2009 作物年（2008 年 11 月至 2009 年 11 月）的产量为基础；补贴率因作物的不同各有差异。

反周期支付政策是因与农产品市场价格反方向运动而得名的。当农产品的市场价格低于政府确定的目标价格时，政府就会向农业生产者进行反周期支付。当农产品的市场价格等于或高于政府确定的目标价格时，政府就不向农业生产者进行反周期支付。反周期支付额的大小取决于单位产品反周期支付额、支付面积和支付单产。具体的计算公式为：反周期支付补贴 = 单位产品反周期支付额 × 支付面积 × 支付单产。其

中，单位产品反周期支付额取决于农产品的有效价格与目标价格的差价；支付面积和支付单产的确定与直接支付政策所规定的相同。

美国农业补贴的政策工具主要包括贷款差额补贴、直接收入补贴、反周期补贴和资源保育补贴、农产品贸易补贴五大类。这些补贴政策为美国农产品在国际市场的竞争留下了极大的空间。

4. 农业保险与灾害救助补贴政策的实施对稳定农业生产者基本收益发挥了重要作用

为了降低农业生产者的生产风险，1938 年美国政府通过了《联邦农作物保险法》。该法案的实施对象是主产区自愿投保的农业生产者，保险的业务也仅为产量的保险，即只针对因气候原因造成的主要作物减产造成的损失进行理赔。之后，1980 年的《联邦农作物保险法》和 1994 年的《联邦农作物保险改革法》不断扩大了农业保险的范围和种类，不仅仅局限于主产区的主要作物。1996 年美国政府推行了农作物收入保险，在产量保险的基础上进一步考虑到价格因素对农业生产者收入的影响。即当农业生产者收获农产品时，倘若农产品的市场价格下降，联邦政府就会针对投保的农业生产者因农产品价格下降而造成的损失进行理赔，理赔金额为投保金额的 50% ~80%。

为了进一步保障农业生产者的收入不受自然灾害的影响，联邦政府还对由于干旱、洪涝及其他自然灾害不能播种或者严重减产的农业生产者给予救助补贴。1977 年的《农业法》规定，由于受自然灾害的影响，牲畜和家畜的生产者得不到适当的饲料供给时，联邦政府对其进行补贴。补贴的金额为购买饲料成本的 50%。1985 年《农业法》规定联邦政府对遭受干旱、洪涝等自然灾害的农业生产者给予灾害补贴。1994 年的《联邦农作物保险改革法》推行了灾害险。该险种的保险费全部由联邦政府来承担，对损失超过平均产量 50% 的农业生产者进行补贴，补贴的标准为受灾物种当年目标价格的 60%。2008 年《农业法》将农业灾害补贴的范围进一步扩大，对因自然灾害而遭受损失的农作物、养殖鱼、蜜蜂和畜牧业生产者进行补贴。

农业保险与灾害救助补贴政策的实施一方面提高了农业生产者抗击自然灾害的能力，另一方面也提高了农业生产者抵御市场风险的能力。农业保险与灾害救助补贴政策的实施对稳定农业生产者基本收益发挥了重要的作用。

5. 政府加大对农业基础设施建设的投入，改善了农业生产和农民生活条件

为改善农业生产和农民生活条件，美国每部农业法中都明确提出政府对农业地区给予大量财政支持，促进农村地区水利、电力、交通、卫生、住房等事业的发展。2008 年《农业法》提出政府提供 1.2 亿美元资金用于农村地区水资源系统建设和废物处理；2008—2012 年期间，政府每年划拨 2 500万美元用于扩展水循环系统。另外，2008 年《农业法》还明确提出了向可再生能源项目提供政府贷款、授权房屋和农村发展秘书处为农村的住房项目提供资金支持。

6. 互联网等高技术的应用促进了现代农业的发展，对农业生产者获得稳定的收益发挥了重要作用

目前，美国农业部通过合同关系与各州的农业部门合作，建立了覆盖农产品产区和销售区的信息网。该信息网提供了有关肉类、谷物、蔬菜等各种农产品的信息。其中，每种农产品的信息包括供应、需求和价格趋势等。目前，美国农业部和有关州设立了 100 多个信息收集办事处，负责搜集、审核和发布全国农产品在直销、拍卖、合同、期货、集散、加工、批发等市场环节的信息，并要求所提供的市场报告具有中立性、即时性和可靠性的特点。

及时有效的农产品供求信息服务一方面对农业生产者的生产给予指导，使农业生产者根据市场需求来从事农业生产；另一方面对稳定农产品市场价格也发挥了重要的作用。这两方面对农业生产者获得稳定的收益均发挥了重要的作用。

二、欧盟

从20世纪60年代开始，欧盟农业的快速发展与其执行的共同农业政策（Common Agricultural Policy，CAP）是分不开的。共同农业政策（CAP）不仅促进了欧盟各成员国农业产量的增加和农村经济的可持续发展，而且对促进各成员国农业生产者收入的快速增长发挥了重要的作用。

1. 欧盟共同农业政策通过对农产品价格实施干预来增加农产品产量和提高农业生产者的收益

20世纪60年代，欧盟共同农业政策主要是通过对农产品价格实施干预来增加农产品产量和提高农业生产者的收益。采取的主要方法是：每年欧盟委员事先确定农产品的干预价格、门槛价格和目标价格。其中，目标价格是农产品的最高限价，它是根据某种农产品在欧盟内部最稀缺的地区或供不应求的地区的市场价格确定的。门槛价格是针对欧盟外的第三国设定的，当第三国农产品的到岸价格低于门槛价格时，欧盟就会按照到岸价格与门槛价格的差价来征税，以保护欧盟成员国的农业生产者免受外部农产品的竞争压力。干预价格是农产品的最低保护价格。当农产品的市场价格低于干预价格时，政府就以干预价格进行收购或将干预价格与市场价格的差额补贴给农民。

欧盟农产品的价格支持政策有效地促进了欧盟农产品产量的大幅度增加，使得欧盟从一个世界最大的农产品进口经济体转变为一个主要的农产品出口经济体。与此同时，欧盟农业生产者的收入也得到了显著提高。之后，为了履行乌拉圭回合协议以及WTO谈判的承诺，同时又为了保障农业生产者收入稳定，2005年欧盟实施了与生产脱钩的单一的收入直接支付政策。该政策分为单一地区支付和单一农场支付两种。前者按照每个农民拥有的土地面积为基础进行直接支付，后者按照2000—2002年间对单个农场的平均补偿水平为基础进行直接支付（马晓春，

2010）。

欧盟对农业生产者实施的直接支付政策在保证了农业生产者收入稳定的同时，对保障欧盟农业生产的稳定发挥了重要的作用。

2. 农村发展政策作为欧盟共同农业政策的支柱之一强化了对农村发展的资金支持

为促进欧盟各成员国农村的发展，从 20 世纪 90 年代开始欧盟委员会出台了支持农村发展的措施。进入 21 世纪，欧盟“2000 议程”将农村发展政策作为共同农业政策（CAP）的两大支柱（农业市场与农村发展）之一，并决定 2000—2006 年对农村发展问题进行单独管理。

2003 年 CAP 中期回顾中增加了提升农产品质量和动物福利、帮助农民达到欧盟标准等新的措施。并通过减少对大农场的直接支付，将节余的资金转入农村发展措施，增加对农村发展的资金支持，强化了农村发展政策。

2005 年 9 月，欧盟部长理事会提出了“2007—2013 农村发展规章”，强调在欧盟整体层次上的农村发展战略及其连续性；该规章从 2008 年 11 月正式实施。规章中明确规定农村发展政策将通过“基金、管理和控制系统、规划”这三项内容实施，欧洲农业农村发展基金（EAFRD）负责对欧盟 27 国的农村发展政策提供资金支持。

3. 有机农业政策的实施保障了农业的可持续发展

1991 年欧盟农业部长理事会出台了有关“有机农业、有机农产品和食品标签”的规章，有机农业逐步被当时的 15 个成员国接受。欧盟最初关于有机农业的规章只涉及有机作物产品，后来逐渐引入了有机养殖产品，规章明确规定有机产品不得含有转基因物质。

2007 年 6 月，欧盟理事会农业大臣签署了新的有关有机产品生产、标签的理事会规章①，新规章的目标是发展高品质产品，实现耕作的可

① 即 2007 年 6 月 28 日出台的欧洲理事会（EC）No. 834/2007 号规章，同时废除（EEC）No. 2092/91 规章

持续，更加强调环境保护及保持生物多样性。欧盟委员会规定有机生产必须致力于实现生产体系的自我循环，这种可持续的生产过程中可以使用生物的或机械的方式，但不允许使用转基因方式。然而在有些情况，如合适的有机资源比较缺乏时也可以使用少量化学合成的农资，但是这些化学农资必须是欧盟委员会规章的肯定列表中允许使用的化学材料。

2008 年欧盟实施两项关于有机产品的委员会规章①，对有机动植物生产、加工、流通过程的具体技术规范进行详细规定。与此同时，委员会规章还包括了关于有机农场中允许使用肥料、土壤改良物及杀虫剂；有机牲畜饲养畜栏的最小面积等；有机农场中允许使用的非有机动物饲料、饲料添加剂；有机标志使用的具体要求等几个附件。2009 年 1 月 1 日，欧盟实施新的有机产品生产、控制和标签规章。

为提高欧盟成员国与欧盟委员会关于有机农产品的信息交流效率，欧盟建立了有机农业信息系统（OFIS），该系统及时向社会公众发布关于有机农产品的最新信息。另外，为增加消费者对有机食品消费的信任，欧盟规定从 2010 年 7 月 1 日起实施强制性有机标志（马晓春，2010）。

4. 信贷和税收支持政策的实施对农业生产者扩大再生产、促进农业生产者增收发挥了重要作用

欧盟主要是通过政策性银行和商业银行给农业生产者提供贷款。欧盟给予农业生产者借贷的利息非常低，农业的贷款利率仅是非农业贷款利率的一半。另外，对于购买农机具和土地的中长期贷款的利率更低。银行因此所造成的利息差额由政府补贴。欧盟共同农业政策（CAP）在农业信贷方面的支持政策对农业生产者扩大再生产、促进农业生产者增收发挥着重要的作用。

---

① 即 2008 年 9 月 5 日出台的欧盟委员会（EC）No. 889/2008 号规章，和 2008 年 12 月 8 日出台的欧盟委员会（EC）No. 1235/2008 号规章

5. 完备的农业保险政策对欧盟农业稳定发展发挥了重要的保障作用

欧盟对农产品在备耕、种植、管理和销售四个阶段进行保险，以分担农民农业生产所面对的自然风险和市场的风险（张宇慧，2005）。农业保险的形式分为公有型、公有与私有合作型以及私有型三种。公有型农业保险是指国家按照自然灾害和家禽疫病对农业生产者所造成的损失进行强制性保险。农作物按产值的3%交纳保费，而家畜产品按产值的0.5%交纳保费。公有与私有合作型农业保险由收入保险、农作物灾害基金以及理赔超定额补偿三部分组成。当农业生产者因自然灾害遭受损失时，私人保险公司对农业生产者的损失进行理赔。而农业生产者未被纳入收成保险的损失由农作物灾害基金提供保险援助。在发生较大的保险事故时私人保险公司可以根据再保险合同向政府申请理赔超定额补偿。私有型农业保险是指农业保险主要由私人保险公司来经营，政府酌情给予财政补贴和政策支持。欧盟完备的农业保险政策不仅对其农业稳定发展发挥了重要的保障作用，同时对稳定农业生产者收入起到了重要的支撑。

三、日本

日本是个典型的人多地少、资源禀赋极差的资源小国。第二次世界大战后，日本农业经历了60多年的发展，在农业自然禀赋极低的背景下不仅实现了农业现代化，同时也解决了农民收入水平低以及城乡居民收入差距显著的问题。日本分散的小农经济能迅速纳入现代化的轨道，主要是依靠日本政府的全面干预和强有力的宏观调控政策。

1. 农产品价格支持政策有效促进了农民收入的增长

在不同的历史时期日本农产品的价格支持政策具有明显的差异。为了稳定粮食的价格、保护农民的利益，日本1961年《农业基本法》对大米实行了收入补偿制度；对猪肉、牛肉以及蚕茧实行了稳定价格制度；对甘薯、马铃薯以及甜菜实行了最低价格制度；对蔬菜、水果、蛋类实行了价格平准基金制度；对牛奶、大豆等实行了差价补贴制度（李先德，2005）。为了兑现乌拉圭回合协议以及WTO谈判的承诺，日本也逐渐将其对农产品的价格支持政策转向收入支付政策。2000年日本政府出台了《对山区、半山区农户的直接支付》。直接支付的目的是通过对山区、半山区农民进行直接收入支付补贴来消除该类地区与平原地区生产成本之间的差异，改变该类地区因自然条件差和历史因素而导致的农业生产落后，农民收入低下的局面。虽然为应对乌拉圭回合协议，日本逐步实行直接支付政策，但直至2013年日本实行的农产品市场价格支持占农民总收入的比重依然高达55.6%（OECD，2014）。因此，对农产品实行市场价格支持政策依然是当前日本促进农民收入增长的主要政策措施。

2. 网格化的农业协同组织，克服了小农经济本身对农业现代化发展的阻碍

日本农协起源于1910年。第二次世界大战后根据1947年颁布的《农业协同组合法》，农协得以重建。1956年日本政府制定了《农业整建措施法》，从法律上加强了对农协的保护和支持，使各级农协在经营上趋于稳定。1961年日本政府又不失时机地推动了全国各地农协的大规模合并，确立了农协在农村经济中的领导地位。

日本农协已经形成从上到下的一个统揽全国的大系统。在组织上形成了涵盖全国的三级组织网络：即每个市町村都设有基层农协，以此为基础每个都道府县都组成联合会，再由都道府县的联合会组成全国的联合会。三级农协系统组织与中央—都道府县—市町村行政组织相对应，对农协发挥作用十分有利（蒋和平等，2008）。目前，农协通过指导服务为农民农业生产和生活提供各种指导；通过贩卖和购买服务，把农民生产出来的农产品集中整理，然后批量销售；通过信用服务，把从组合员那里吸储的存款低息贷给有农业生产资金需要的组合员，实现资金在更大范围内的融通；通过保健福利服务，农协开办自己的医院，为组合

员提供疾病的预防和治理服务；通过互助服务，对遭受意外灾害的组合员进行救济。除上述服务外，农协还从事农业经营委托、宅地和住宅供给、土地改良等特别事业。

日本农协已经进入到农民生产生活的各个方面，它在提高农民的组织化程度、增加农民收入方面发挥极为重要的作用。

3. 城乡一体化的社会保障体系消除了医疗、养老两项开支对农民造成的负担，保障了农民收入稳定增长

在医疗方面，日本政府目前实行的是国民健康保险、互助保险组合、赤脚医生以及远程医疗为一体的国民健康保障体系。其中，国民健康保险是覆盖全体日本国民的医疗保险制度。该项制度规定可以解决国民一些疾病的70%的医疗费用。对于那些无法支付剩余30%医疗费用的低收入农民可以采用农民互助保险组合。另外，为了消除地区间医疗水平的差距，日本政府建立了远程医疗保障体系。该体系通过远程网络技术以及专业的医疗透视存片技术把不同地区的医疗机构和患者联系在一起，在一定程度上解决了地区间医疗水平的差距。

在养老保障方面，日本政府目前实行的是国民年金，国民养老金基金和农民年金为一体的国民养老保障体系。其中，国民年金是覆盖日本全体国民的基础养老保险。凡20岁以上60岁以下的农民每月缴纳一定的费用，缴满40年者，每月可以领取一定数额的基础养老金。国民养老金基金是针对收入相对较高的农民而设立的。加入者每月缴纳一定的“附加保险费”，退休后除获得基础养老金外，还可获得附加养老金。农民年金制度是专门服务于农业劳动者的养老保障制度。该制度规定年龄在20～55岁，已加入国民年金计划，且经营土地达到一定规模的农民必须加入。其他符合一定条件的农民也可自愿加入。农民年金来源于农民自己缴费、政府补助以及年金运营收益三部分。农民年金的给付包括老龄年金、经营权转让年金、离农给付金、收购转让农地贷款等几个部分（庄东霖，2010）。

日本政府城乡一体化的医疗和养老制度，从根本上消除了医疗、养老两项开支对农民造成的负担。这对稳定农民收入起到了非常重要的保障作用。

4. 广阔的农业保险覆盖面既稳定了农业生产又稳定了农民收入

日本政府直接参与农业保险，规定达到一定生产规模的农业生产者或农产品生产数量超过一定数额的农民必须参加农业保险。保险额等于“每千克的保险额”与“标准产量”的70%的乘积。其中，“每千克的保险额”由农林水产省来规定，而“标准产量”由农业互助社按田块的情况来确定。农民缴纳的保险费为正常年份收入的10%。政府按照保费的50%～80%对投保农民进行补贴。广阔的农业保险覆盖面既对稳定日本农业生产发挥了积极的作用，同时对稳定农民收入起到重要的支撑。

5. 农业资讯信息服务促进了现代农业的发展

日本的农业资讯信息化服务虽较欧美起步晚，但经过几十年的发展，目前，已经成为连接政府、市场与农户之间的桥梁，且在日本农业现代化的过程中发挥重要的作用。日本政府为充实农村的资讯通信基础设施，铺设网路光缆等，已经建立了发达的农业通信网路。同时，日本政府建立并完善了农业市场信息服务系统。该系统通过提供市场销售咨询服务和发布全国1800个以上农产品的生产数量和价格行情的预测服务，使得日本农产品的生产处于一种情况明确，生产有序的状态。

第二节　发达国家促进种植业发展和农民增收的启示

一、高度重视政府在种植业发展方式转变中的作用

根据世界经济合作与发展组织（OECD）2014年9月4日发表的《农业政策监测与评估》报告数据显示，美国、欧盟和日本农业生产者

收入中相当部分来自来政府支持政策。其中，日本农户的收入中，补贴等政府支援所占的比率2011—2013年平均为54%，而单从2013年来看，日本则为55.6%，高居榜首。贴比率较高的国家还有挪威、瑞士、韩国和冰岛，均超过40%。欧盟和美国农业生产者收入中来自政府支持的部分相对来讲少一些。1993—2009年，欧盟平均PES%水平为32.64%，美国为15.74%。而据OECD的统计数据显示我国农民种植业收入中来自政府支持的部分较少。1993—2007年，我国的平均PES%水平仅为3.46%。其中，1993年和1999年两年为负值，分别为-13.5%117和-2.45%。面对当前我国进入工业反哺农业的时期，我国应借鉴发达国家的经验，增加对农业的投入，促进我国农民收入的增长。

二、重视支持种业发展的农业立法作用

大多数国家以法律的形式出台了农业支持政策，使得农业支持政策的实施得到了法律的保障。其中，美国于1933年颁布《农业调整法》，至今共颁布了13个有关农业的法律。欧盟于1962年制定并实施了《共同农业政策》。日本于1961年通过《农业基本法》，至今也经历了多次调整。目前美国、欧盟、日本已经形成了一套完善的农业法律体系。健全的农业立法为美国、欧盟和日本农业发展提供了强有力的保障，也对促进农民或农场主收入增长发挥基础性的作用。相对美国、欧盟和日本而言，我国的农业政策多以文件的形式出现，缺乏法律基础，从而大大削弱了农业支持政策应有的效能。因此，我国应建立健全用法律形式制定的农业支持政策，充分发挥农业支持政策的效能，为我国农业的发展和农民收入的增长提供强有力的法律保障。

三、充分发挥推进种植业发展的农业合作经济组织重要作用

随着世界经济一体化的发展，世界性的统一市场逐渐形成。单个农

户抗风险能力较低，生产和经营的压力越来越大，只有相互结合成较大的农业合作经济组织才能在市场经济中生存下来。不仅如此，农业合作经济组织在政府的支持和引导下，已经取得了市场经济的主体地位，在农产品定价、维护农民的经济利益等方面获得了越来越多的话语权。发达国家中农民自己的合作组织是确保农民收入支持政策有效实施的力量之一，它对稳定农业发展和增加农民收入提供了强有力的支持。以日本为例，日本的农协是农民利益的忠实代表。它在农民与政府、农民与科研机构以及农民与企业之间架起了桥梁。农协一方面通过收购农产品、为农民提供信贷、生产指导等支持。另一方面农协还将经营活动产生的利润以福利以及灾害救助的形式返还给农民，强有力地支持了农民收入的增长。我国农民的组织化程度较低，一家一户的小农经济很难提高我国农业的国际竞争力，农民的生活水平也难以得到整体提高。因此，我国应借鉴发达国家的农民组织经验，大力发展农民自己的合作组织。一方面可以协助国家完成有关农业的发展计划。另一方面还可以增强农民在市场中的谈判地位，提高农民的话语权，有效地增加农民收入。

四、高度重视种植业的可持续发展

随着近现代化肥、农药的普遍使用以及过度耕作带来的土地肥力的流失、水资源的匮乏，农业生产面临着越来越严重的环境压力。越来越多的国家为了稳定农业发展基础，保证食品安全，都将保持农业可持续性发展提到了非常重要的位置。1991 年欧盟颁布的《有机法案》，其目标是发展高品质产品，实现耕作的可持续，更加强调环境保护及保持生物多样性。因此，欧盟委员会规定有机生产必须致力于实现生产体系的自我循环，这种可持续的生产过程中可以使用生物的或机械的方式，但不允许使用转基因方式。而且关于化学农资的使用也必须是欧盟委员会规章中允许使用的化学材料。近年来，欧盟成员国无论是有机农场的数量，还是有机农产品的产量都每年大幅度增长，对农业环境保护起到了良好的示范作用。同时，欧盟认为应用高科技，使用卫星监测、跟踪化肥和农药的使用是大规模农业的出路。通过这种手段，化肥和农药的用量可以做到非常准确。我国是世界上的化肥和农药使用大国。过量的化肥和农药使用对环境已造成了严重影响。我国需借鉴发达国家经验，不断加强科技进步，减少化肥和农药用量，进一步促进有机农业发展，使农业真正做到可持续发展。

五、重视支持种业发展的农业保险作用

农业保险是美国、欧盟和日本等发达国家实施农业保护和稳定农民收入的重要手段，它有效地减轻了自然灾害和市场风险对农民造成的损失。发达国家的农业保险制度大多是以公私合作的形式实施的。以欧盟为例，欧盟大多数成员国实施的是公私合作型农业保险。私人保险公司负责农业保险的具体执行，政府一方面为农民未被纳入私人保险的损失提供保险援助。另一方面政府为私人保险公司提供再保险服务，使得其可以获得一定的保险收益。我国的农业保险制度与发达国家相比还很不完善，在许多地区农业生产还未被纳入到农业保险的范围之内，农民抵御自然灾害和市场风险的能力较弱。我国可以借鉴发达国家的经验，建立公私合作的农业保险制度，为稳定我国农业发展和农民收入提供保障。

第三节　本章小结

发达国家的农业，尤其是种植业虽然在国民生产总值中所占的比重比较低，但各国政府无一例外地都非常重视其发展，给予大量的扶持和保护政策。发达国家政府颁布法律、制定政策，全方位地规范和引导种植业持续、健康发展，减少市场波动和自然灾害对种植业和农民的影响，以弥补市场调节功能的不足。我国长期经济发展战略的工业化倾向

不但没有把对种植业和农民的保护提到应有的高度，反而普遍存在着掠夺种植业资源和农民利益的现象，致使土地、水、自己等资源大量外流，投入不足，种植业发展和农民收入增长缓慢，这是不符合经济发展规律的。我们应当借鉴发达国家的做法，对种植业在价格支持、收入支付、农业信贷、农业保险、农民的组织化程度、社会保障以及农业信息咨询服务等方面进行适度保护与支持。

此外，在借鉴发达国家的经验时必须注意到发达国家的农业人口较少，工业化与城市化水平要远高于我国，其农业支持政策的内容也可谓是包罗万象。而我国的农业人口众多，加之我国刚进入工业化中期阶段，工业化和城市化水平还相对较低。现阶段就期望用相同的补贴政策支持种植业的发展和农民收入的增长显然是做不到的。所以，我国在借鉴发达国家经验的同时要根据自身的国情建立相应的农民收入支持政策，有重点、有选择地逐步加大对种植业和农民的支持力度，进而提高农民的收入。

第八章　促进中国种植业发展方式转变及增加农民收入政策建议

本书在上述研究结论以及借鉴发达国家经验的基础上提出以下促进农业发展和农民增收的政策建议。

第一节　在稳定家庭联产承包责任制下，创新农业生产经营组织，提高农户集约经营水平

没有农业资源清晰的产权界定，农民就不会增加投入去追求最大化的目标。农村土地承包的不稳定性，就是产权模糊的集中表现，它导致农民不能获得产权收益而增收。因此，稳定家庭联产承包责任制仍然具有重大意义。但是，随着农村经济的发展，当家庭联产承包责任制的边际收益接近零或者等于零时，必然要求农业生产经营组织的创新，发展适度的规模经营。具体措施如下。

1. 通过政府财政金融诱导加快农业生产经营组织的创新

在小生产与大市场之间的矛盾日益加深的背景下，理论上讲，为了维护自身的利益，处于弱势地位且境况相似的小农户存在自发的联合与合作经营需求。但由于农户长期的小农思想制约，农户间自发的联合与

合作常常面临着集体行动的困难，致使农户生产经营的组织化变迁漫长而艰难。基于目前的现实状况，寄希望于小农能自发合作从而改变农户的生产经营组织形式有一些不切实际，客观上需要政府通过财政金融诱导其加快联合与合作经营的步伐，以尽快适应现代农业和市场经济发展的要求。具体而言政府可以从以下两个方面加强对农业生产经营主体创新的财政支持：一是加大财政对联户经营、专业大户、家庭农场等新型农业经营主体进行农业生产经营活动的直接补贴，增强新型农业生产经营主体生产经营活动的造血功能；二是通过税收优惠、费用减免、财政贴息以及信贷优惠等方式扶持联户经营、专业大户、家庭农场等新型农业经营主体的发展，以引导农户开展联合与合作经营，创新农业生产经营的组织形式。

2. 建立健全土地使用权流转制度、社会保障制度和农村金融制度，为农业生产经营组织创新创造良好的外部环境

第一，我国应在稳定家庭联产承包责任制的基础上尽快通过立法和修订相应的法律法规来实现土地使用权流转的规范化和法律化。建立农村土地转让、租借的中介机构，并在价格和税收等方面制定优惠的政策来促进农村土地的转包和租赁，从而推动土地的规模化经营。第二，建立健全城乡一体化的社会保障制度，解决农民的后顾之忧。通过城乡一体化社会保障制度的建立和完善，为失业者提供基本生活保障，为老年农民提供养老金，消除农民在养老、医疗等方面的后顾之忧，鼓励他们转租自己的土地，以此促进土地向专业大户和家庭农场等新型农业经营主体集中，形成土地的规模化经营。第三，建立新型农业经营主体的抵押、担保、信用体系。具体而言，支持经营主体以相关农产品或资产为抵押或担保，向金融机构贷款；允许具备条件的村委会为农户提供贷款担保；并积极探索基于供应链的融资模式，允许合作社以其在供应链中的地位、作用、身份等名义为其自身或其社员进行贷款担保。完善小额信贷产品，建立灵活高效的农业融资保障体系，缓解新型农业经营主体

融资难的问题。

第二节 在工业化、城镇化不断推进的同时，促进劳动力的结构性转移

我国产业结构的变动证实了“配第—克拉克”定理，同时也表现出自己的独特性：第一产业产值及其就业的比重随着人均年收入的提升双双不断下降，第二产业和第三产业就业的比重也随着工业化和城镇化不断推进而逐年上升。但与发达国家相比我国三大产业的产值占 GDP 比重与就业比重之间表现出很明显的滞后性。其中，农业产值和就业比重偏大且二者偏离程度很大，工业产值比重偏高，工业就业与产值比重相比一直偏低，偏离度过大。服务业产值和就业比重偏低而且没有出现偏离度缩小的趋势。因此，我国应在工业化城镇化不断推进的同时，促进劳动力的结构性转移。具体措施如下。

1. 加快改革户籍制度，实现劳动力的合理自由流动

随着劳动力政策环境的逐步改善，目前我国劳动力市场已经发生了明显的改变，但沿袭下来的有缺陷的制度仍在劳动分配中占重要角色，户口制度仍然占有一席之地。《2012 年中国统计年鉴》公布的我国城市化率已经达到 51.27%，城市人口首次超过了农村人口。但这个城市人口中包含了 2.2 亿常年在城市居住、工作和生活的身份仍是农民的农民工（郭熙保等，2013）。他们没有城市户口，无法享受到和城镇居民一样的就业权利和社会保障，随时可能重返农村。虽然近年来，大多数城市放宽了户籍政策，但是农民工进城务工仍然无法纳入城市的社会保障体系，而且农民工子女在城市的教育费用较高，致使农民工的城市生活成本较高。因此，我们需要抓紧时机加速户籍制度改革的步伐，要取消对农民进城就业的限制性规定，尽快统一城乡劳动力市场，建立良好的劳动者平等就业的制度环境，实现劳动力的合理自由流动。

2. 处理好工业化中劳动密集型和资本密集型产业的关系

国资委研究中心宏观战略部部长赵晓认为，目前，经济结构逐渐地脱离劳动密集型产业进入资金密集型产业，增加相同资金带来的劳动就业的增长比过去减少了。另外，我国增长最快的投资基本上是资本、技术密集型的，对劳动力有挤出作用。因此，尽管近几年来，投资及由此拉动的 GDP 长时间处于高位，但其所创造的就业岗位却没有多少增长。

我国是农业大国也是人口大国，就业压力极其繁重。目前我国需要在产业发展的同时考虑到就业目标。资本密集型产业产生的就业机会变得越来越少，而劳动密集型产业符合我国劳动力丰富、劳动力技能普遍不高、资金短缺的特点，使就业机会大大增加。因此，我国第二产业的发展应正确处理好劳动密集型和资本密集型产业的关系，各级政府和金融机构等应当支持中小微企业的发展，为中小微企业创造一个平等竞争的环境，使其吸纳更多就业人员，成为就业和再就业的主要场所，以有效促进劳动力的结构性转移。

第三节　调整农业保护政策，加大政府投入力度

1. 增加农业科技投入

农业科技具有显著的公共性、基础性和社会性，面对当前我国农业科技投入总额不足和结构偏差以及管理混乱的现状，我国应努力构建财政农业科技投入稳定增长机制，稳定支持农业基础性、前沿性、公益性科技研究，逐步提高科研机构运行经费保障水平，大力支持农业科技成果转化和技术推广，着力推进农业技术社会化服务体系建设，为增强科技对农业农村发展的支撑能力提供有力保障。同时，中央财政将积极发挥引导作用，带动更多的企业和其他社会资金投向农业科技领域，促进提高农业科技的社会投入水平，推动农业发展方式的转变，提高农产品

的科技含量，增强农业的竞争能力。

2. 增加农村基础教育和职业教育的投入力度

教育可以改变一个人的知识结构和思维模式，提高其学习能力、认知能力和判断能力，从而影响人们行为的最终表现。目前，我国农村劳动力较低的科学文化素质成为我国农业生产组织化经营的瓶颈。加快农业发展方式转变，农民的科技与文化教育必须先行。因此，各级政府应加大对农村教育的投资力度，进一步普及和巩固九年制义务教育，逐渐实施免费的农村中等职业教育。那些“投资农业的企业家”“返乡务农的农民工”“基层创业的大学生”“农村内部的带头人”是新型农业经营主体的主要来源。要营造农业创业和就业的良好环境，引导和鼓励他们成为新型农业经营主体。由于他们的学历、工作背景以及各自优劣势不尽相同，需要分类指导和提供有针对性的扶持政策。大学生是新型农业经营主体的重要后备力量，应完善大学生农业创业与就业的政策体系，使他们“下得去、干得好、留得住、有发展”。具体而言，可以在农村建大学生创业园，建立大学生农业创业基金和创业贴息贷款；尤其要鼓励大学生“村官”在新型农业经营主体中创业和就业，为了减轻农民专业合作社和农业大户引进大学生的经济负担，可考虑对相关经营主体给予引入大学生工资和社会保障补贴。

3. 增加对农村和农业基础设施的投入

从2005年我国开始实施社会主义新农村建设以来，农村的道路、农民的住房等生产和生活环境都得了明显的改善。但是，从总体上来看，我国农村基础设施建设方面还存在许多问题，尤其是农村水利和道路的建设还不能满足现代农业发展要求。面对这一现实情况，我们亟须增加国家对农村和农业的投入，加强农田水利设施、乡村道路以及电力沼气等基础设施建设，进一步改善农业生产和农民生活环境。

4. 增加农业保险的投入

农业是国民经济的基础产业，具有粮食安全保障、环境保护、社会与经济稳定等多功能性。但农业同时又是个弱质性的产业。农业的生长周期长，承受自然风险和市场风险的能力弱。农业保险的实施可以有效地降低农业生产的风险，保障农民的利益。但是，与发达国家相比我国的农业保险制度还不完善，农民保不起、保险公司赔不起的现象还普遍存在。因此，我国一方面应加大财政投入，大力发展农业政策性保险，降低农民投保的成本。另一方面通过免税和再保险政策鼓励商业性保险机构开展农业保险业务。在二者共同作用下，农民遭受的风险才能切实得到分散，收入才能得到有效的保障。

参考文献

1. 白南生，李　靖．城市化与中国农村劳动力流动问题研究［J］．中国人口科学，2008（4）：2－10．

2. 白雪瑞．中国农业增长方式转变问题研究［D］．东北农业大学博士学位论文，哈尔滨：2007．

3. 蔡　昉，等．经济增长成分变化与农民收入源泉［J］．管理世界，2005（5）：77－83．

4. 陈　晨．贵州省农业经济发展方式转变与政府职能研究［D］．贵州大学硕士学位论文，贵阳：2008．

5. 陈锡文．城乡统筹破解三农问题，光明日报，2003 年 3 月 31 日．

6. 陈锡文．当前农村改革发展的形势和总体思路［J］．浙江大学学报（人文社会科版），2009（4）：5－10．

7. 陈锡文．工业化、城镇化要为解决“三农”问题做出更大贡献［J］．经济研究，2011（11）：8－10．

8. 董玉舒．农民收入增长缓慢的原因与对策［J］．调研世界，1994（4）．

9. 杜杰文．中国农业改革、技术效率和生产率变化分解研究［D］．华中科技大学博士学位论文，武汉：2012．

10. 范小建．加快农业增长方式转变，促进农业整体效益提升［J］．中国农业信息，2006（1）：6－8．

11. 龚晓红．统筹城乡背景下重庆市土地流转对农民收入的影响研究［D］．西南大学硕士学位论文，重庆：2012．

12. 郭剑雄．人力资本、生育率与内生农业发展——兼论进入工业化中期阶段后的农业发展动力［J］．南京大学学报（哲学·人文科学·社会科学），2006（4）：108－114．

13. 郭军华、李帮义．区域农业全要素生产率测算及其收敛分析［J］．系统工程，2009（12）：31－37．

14. 郭军华，等．基于三阶段DEA模型的农业生产效率研究［J］．数量经济技术经济研究，2010（12）：27－38．

15. 郭军华，等．区域农业全要素生产率测算及其收敛分析［J］．系统工程，2009（12）：31－37．

16. 郭熙保，白松涛．农业规模化经营：实现“四化”同步的根本出路［N］．光明日报，2013．

17. 郭　珍，曾福生．农业发展方式转变评价指标体系构建及实证分析——以湖南省为例［J］．农村经济与科技，2011（7）：154－158．

18. 韩长赋．毫不动摇地加快农业发展方式转变［J］．农村工作通讯，2010（11）．

19. 韩　俊，等．农民增收问题专家谈．宏观经济研究［J］．2001（5）：19－26．

20. 何　君，等．中国农业发展阶段特征及政策选择——国际农业发展“四阶段论”视角下的比较分析［J］．中国农学通报，2010（19）：439－444．

21. 胡根华，等．“金砖国家”全要素能源效率的比较研究——基于DEA－Tobit模型［J］．资源科学，2012（3）：533－540．

22. 黄国桢．“农业现代化”再界定［J］．农业现代化研究，2001（1）：48－50．

23. 黄佩民．中国农业发展的阶段分析．中国自然辩证法研究会第五次全国代表大会文献汇编 [G]. 2009：181－188.

24. 姜 红. 中国农业发展阶段分析——以农民为视角进行的观察 [D]. 黑龙江八一农垦大学硕士学位论文，大庆：2005.

25. 蒋伏心. 略论影响经济增长方式根本转变的几个因素 [J]. 南京师大学报（社会科学板），1996（3）：15－19.

26. 蒋和平，黄德林. 中国农业现代化发展水平的定量综合评价 [J]. 农业现代化研究，2006（2）：87－91.

27. 蒋和平，宋莉莉. 美国的现代农业模式 [J]. 中国科技投资，2008（9）：77－79.

28. 蒋和平，宋莉莉. 日本建设现代农业的模式及其借鉴 [J]. 科技与经济，2008（2）：34－37.

29. 蒋和平，辛 岭. 我国现代农业发展水平评价 [J]. 农业工程技术：农产品加工业，2012（6）：25－27.

30. 蒋和平，等. 加快现代农业发展应采取的政策措施 [J]. 中国农业信息，2012（8）：8－9.

31. 景 林，雷锡禄. 如何缩小我国工农收入的差距 [J]. 中国农村观察，1981（2）：32－37.

32. 雷鹏，等. 目前我国农业经济发展与增加农民收入关系的分析研究 [J]. 上海农学院学报，1998（4）：311－316.

33. 李成贵. 当前我国农民收入的现状、成因和影响 [J]. 教学与研究，2001（4）：5－11.

34. 李红艳. 吉林省转变农业发展方式的途径研究 [J]. 中国经贸导刊，2009（24）：37－38.

35. 李宁辉. 粮食主产区农民收入动态检测 [M]. 北京：中国铁道出版社，2006：28－29，42－46.

36. 李先德. 中日韩农民收入问题与政府政策. 财贸研究 [J]. 2005（5）：27－34.

37. 林毅夫．“三农”问题与我国农村的未来发展［J］．农业经济问题，2003（1）：19－24.

38. 刘福垣．完整准确把握发展方式科学内涵［N］．中国证券报，2008.

39. 刘　刚，于晓东．“三化”视角下的农民工流动问题及其优化对策［J］．北京交通大学学报（社会科学版）：2012（3）.

40. 刘　宁．基于超效率 Output－DEA 模型的主产区粮食生产能力评价［J］．中国软科学，2011（3）：79－83.

41. 刘燕妮，等．中国农业发展方式的评价［J］．经济理论与经济管理，2012（3）：100－107.

42. 鲁华宇．河北省农业发展方式转变问题研究［D］．河北农业大学硕士学位论文，保定：2011.

43. 罗建军．提高农民的组织化程度增加农民收入［J］．中国农业技术经济研究 2004 年学术研讨会论文集，2005（7）：38－41.

44. 罗贞礼．可持续发展背景下区域农业结构调整研究［D］．湖南农业大学博士学位论文，长沙：2004.

45. 马　侃．经济发展方式转变背景下的农业剩余劳动力就业问题研究［D］．东北财经大学硕士学位论文，大连：2010.

46. 马晓春．中国与主要发达国家农业支持政策比较研究［D］．中国农业科学院博士学位论文，北京：2010.

47. 庞瑞芝，等．中国上市银行经营效率的影响因素——基于 Tobit 回归模型的二阶段分析［J］．金融论坛，2007（12）：29－35.

48. 钱桂霞．粮食生产经营规模与粮农收入的研究［D］．中国农业科学院博士学位论文，北京：2005.

49. 邱　凤．中国农业经济发展的路径研究［D］．上海财经大学博士学位论文，上海：2002.

50. 邵培杰．中国现阶段农业生产方式变革研究［D］．河南大学博士学位论文，郑州：2009.

51. 邵腾伟．基于转变农业发展方式的农户联合与合作经营研究［D］．重庆大学博士学位论文，重庆：2011.

52. 沈坤荣，张　璨．中国农村公共支出及其绩效分析——基于农民收入增长和城乡收入差距的经验研究［J］．管理世界，2007（1）：30－40.

53. 沈露莹，葛寅，等．上海转变经济发展方式评价指标体系研究［J］．科学发展，2010（6）：11－35.

54. 沈淑霞，秦　富．财政农业投入性支持的规模效率分析［J］．农业技术经济，2004（4）：45－50.

55. 盛　洪．让农民自己代表自己［N］．经济观察报，2003.

56. 盛来运．农民收入增长格局的变动趋势分析［J］．中国农村观察，2005（5）：21－26.

57. 石爱虎．论农业发展方式的科学内涵与转变途径［J］．东南学术，2012（1）：157－164.

58. 宋洪远．中国农村改革三十年［M］．北京：中国农业出版社，2008.

59. 速水佑次郎，神门善久著．沈金虎等译．农业经济论［M］．北京：中国农业出版社，2003.

60. 孙　巍．基于非参数投入前沿面的 Malmquist 生产率指数研究［J］．中国管理科学，2000（1）：22－26.

61. 谭　杰，王象永．农业发展方式转变问题研究——农业发展方式转变监测指标体系及实证分析［J］．山东经济战略研究，2010（6）：9－19.

62. 陶　济．二元结构理论的由来和发展［J］．资料通讯，2001（12）：23－27.

63. 陶艳梅．新中国初期三十年农业发展研究［D］．西北农林大学博士学位论文，杨凌：2011.

64. 汪金敖．农民增收制约因素及宏观对策探讨［J］．农业经济问题，2002（9）：50－53.

65. 王洪英．农业产业化是实现农业现代化的有效途径［J］．农业经济，1999（10）：24－25.

66. 王　强．市场导向下的中国农业发展研究［D］．中共中央党校博士学位论文，北京：2002.

67. 王　荣，张宏声．我国农民收入提高的重新审视［J］．农村经济研究，1998（3）.

68. 王　睿．农村资金投入对农民收入变动的影响研究［D］．重庆大学博士学位论文，重庆：2010.

69. 王绍凤．绿色农业经济发展系统评价指标体系研究［J］．生态经济，2009（4）：159－163.

70. 吴方卫，孟令杰，熊诗平．中国农业的增长及效率［M］．上海：上海财经大学出版社，2000.

71. 吴敬琏．农村剩余劳动力转移与“三农”问题［J］．宏观经济研究，2002（6）：6－9.

72. 吴敬学，等．提升我国农业科技原始创新能力的思路与对策［J］．农业经济问题，2012（8）：56－58.

73. 吴向伟，转变农业发展方式的内涵与途径［J］．经济纵横，2008（2）：23－25.

74. 吴旭晓．基于超效率DEA视窗分析模型的区域农业发展效率研究——以豫、鄂、湘、赣4省为例［J］．开发研究，2012（6）：58－61.

75. 谢富胜，等．效率分析与经济增长方式转变［J］．经济理论与经济管理，2010（2）：33－38.

76. 许锦英．发达国家现代农业发展方式的借鉴［J］．山东农机化，2007（12）：7－8.

77. 杨晶晶．河北省经济发展方式转变的评价体系研究［D］．河北大学硕士学位论文，保定：2010.

78. 伊金秀，等．基于 DEA – Tobit 两步法的区域能源效率评价及分析［J］．现代商业，2011（9）：56.

79. 尹成杰．农民持续增收动力：内部动力与外部动力相结合［J］．中国农村观察，2006（1）：4 – 10.

80. 詹吉英，顾孟迪，李干琼．发达国家农业科技发展比较研究及对我国的启示［J］．安徽农业科学，2005（11）.

81. 张红宇．现状：农民收入实现恢复性增长［J］．人民论坛，2002（4）：18 – 19.

82. 张秋锦，张　强，等．农本论——当代中国农民问题思考［M］．北京：中国农业出版社，2008.

83. 张仁寿，等．基于 DEA 的文化产业绩效评价实证研究以广东等 13 个省市 2007 年投入产出数据为例［J］．中国软科学，2011（2）：183 – 192.

84. 张晓山．提高农民的组奴化程度，积极推进农业产业化经［J］．农村合作经济经营管理，2003（2）：8 – 9.

85. 张晓山．中国农村改革 30 年：回顾与思考［J］．农业经济研究，2009（3）：13 – 33.

86. 张新光：《农业资本演进的“美国式道路”及其发展》，新疆大学学报（哲学、人文社会科学版）：2008（4）.

87. 张　燕．对新农村建设中农村人力资源开发的思考［J］．安徽农业科学，2007（15）：82 – 83，98.

88. 张颖慧．中国农村金融发展与农民收入增长关系研究［D］．西北农林科技大学博士学位论文，杨凌，2007.

89. 张宇慧．浅谈欧盟农业支持政策的改革及对中国农业政策的启示［J］．技术经济与管理研究，2005（3）：96 – 97.

90. 中央政研室农业部农村固定观察点办公室．“九五”期间中国农民收入状况实证分析［J］．农业经济问题，2001（7）：2－11.

91. 周曙东．农业技术经济学［M］．北京：中国农业出版社，2012年8月.

92. 朱红恒．经济放缓背景下农民增收的宏观困境［J］．宏观经济研究，2010（4）：38－42，58.

93. 朱明侠，等．增加农民收入的理论分析与政策选择［J］．农业现代化研究，2003（2）.

94. 朱希刚．农业增效农民增收研究［J］．北京：中国农业出版社，2006.

95. 朱信凯，等．关于农业投资管理体制改革的思考［J］．中州学刊，2008（2）：33－37.

96. 朱艳玲．城镇化对农民收入的影响［D］．河南大学硕士学位论文，郑州：2007.

97. 庄东霖．日本农民养老保障制度一览，中国劳动保障报，2010，7－26.

98. FAO. Crop Prospects and Food Situation. No. 2, June 2012, 1－10.

99. FAO, World reference base for soil resources 2006, A framework for international classification, *correlation and communication*, 2006.

100. Hanho Kim, Yong－Kee Lee, Agricultural Policy Reform and Structural Adjustment in Korea and Japan, *International Agricultural Trade Research Consortium*, *Philadelphia*, PA June 6－7, 2004.

101. Jamine Morrison, Alexander Sarris. WTO rules for agriculture compatible with development, *Trade and Markets division*, FAO, ROME, 2007.

102. John Dixon, Aidan Gulliver: Farming Systems and Poverty, *Malcolm*, Hall, 2001.

103. Li, H. , Zhu, Y. , Income, income inequality, and health: Evidence from China. *Journal of Comparative Economics* 34 (2006): 668 - 693.

104. M. Olson. The Rise and Decline of Nations [M]. *Yale University press*, 1 982.

105. Oaxaca, R. , 1973. Male - female wage differentials in urban labor markets. *International Economic Review*, 14 (3): 693 - 709.

106. OECD, 2009, Agricultural Policies in OECD Countries Monitoring and Evaluation 2009.

107. OECD, Agricultural Policies in OECD Countries, *MONITORING AND EVALUATION* 2007.

108. Sarah Cook, Social Protection in Asia, Har - Anand Publications Pvt Ltd. , 2003.

109. Shorrocks, A. , "Inequality Decomposition by Factor Component s", *Economet rica*, 1982, 50 (1): 193 - 211.

110. Stephen R. Tyler, Communities, livelihoods and natural resources, *International Development Research Center*, 2006.

111. Wang, X, "Income Inequality and It's Influencing Factors", Working Paper No. 126, *UNU2WID2ER*, 2006.

112. Xubei Luo, Nong Zhu. Rising Income Inequality in China: A Race to the Top, the World Bank, East Asia and Pacific Region, *Poverty Reduction and Economic Management Department*, August 2008.

113. Yang, X. , Wang, J. , and Will, I. (1992), "Economic Growth, Commercialization, and Institutional Changes in Rural China, 1979—1987", *China Economic Review*, 3, 3 - 27.

114. Zhang, J. , Zhao, Y. , Parl, A. , Song, X. , 2005. Economic returns to schooling in urban China, 1988—2001. *Journal of Comparative E-*

conomics 33, 730 – 752.

115. Fan, Shenggen. Effects of Technological Change and Institution Reform on Production Growth in Chinese Agriculture. *American Journal of Agricultural Economics*, 1991, 72: 266 – 75.

116. Fan, Shenggen. Research, productivity, and output growth in Chinese agriculture. *Journal of Development Economics*, 1997, 53: 115 – 137.